LA FUERZA DEL LIDERAZGO

POR OSVALDO CARNIVAL

©2004 Editorial Vida
Miami, Florida

Edición: *Gisela Sawin*
Diseño interior: *Ruth Madrigal Chinchilla*
Diseño de cubierta: *Grupo Nivel Uno, Inc.*

Reservados todos los derechos

ISBN: 0-8297-3917-3

Categoría: Iglesia y ministerio

Impreso en Estados Unidos de América
Printed in the United States of America

08 09 ❖ 06 05 04

DEDICATORIA

A Alejandra Carnival, mi esposa, fiel compañera, con quien compartimos juntos la apasionante tarea de levantar líderes, sin su tenacidad y perseverancia este libro nunca podría haberse realizado.

A mi equipo de doce, grupo de titanes, equipo de gigantes, incondicionales y fieles compañeros en el ministerio.

Al liderazgo de la iglesia que pastoreo, Catedral de la Fe, quienes constantemente me desafían y acompañan en nuevos proyectos. Soñadores incansables por ver el reino de Dios establecido en la tierra.

AGRADECIMIENTOS

A los pastores Claudia y César Castellanos por su amistad y su ejemplo en la tarea de formar líderes.

A Gisela Sawin por su constante esfuerzo en la realización de este libro y su incondicional amor y vocación de servicio en la obra del Señor.

CONTENIDO

PRÓLOGO

Osvaldo Carnival es uno de los mejores líderes cristianos de nuestra época. Esa frase no es solo mi humilde opinión, sino que es respaldada por el resultado de muchos años de ejercer un liderazgo claro, visionario y progresivo en la ciudad de Buenos Aires. Como todo gran líder, su visión es entendible, elegantemente comunicada y seguida por multitudes de personas que encuentran un eco en la trascendencia de su labor. Sencillamente, Osvaldo inspira a las personas con su profesionalismo y empeño. De hecho, una de las cosas que más admiro de su liderazgo es su ardua y silenciosa perseverancia hacia las metas que se ha propuesto como individuo y las que le ha establecido a su organización. Mientras muchos líderes se pasan tiempo haciendo sonar la trompeta de sus logros y dando a conocer sus grandes dotes, Osvaldo prefiere el camino de la constancia y no la rimbombancia para alcanzar sus objetivos. Como si todo eso fuera poco, posee un estilo sencillo y elegante que lo destacan como un gran caballero y pastor.

Al leer este libro, pude comprobar varias cosas: (1) Osvaldo ha tenido un extenso proceso de aprendizaje y es ampliamente leído, (2) sus años de experiencia se hacen evidente en sus conceptos y (3) tiene un estilo de comunicación que ayuda al lector a comprender los principios de liderazgo de manera fluida y amena. Por ejemplo, al leer su manuscrito me encontré riendo francamente en varias ocasiones con algunas de las anécdotas y experiencias que comparte. Además, su redacción didáctica y entendible me hizo sentir como uno de sus discípulos. Mi conclusión es que este libro es el resultado de muchos años de enseñar estos conceptos a sus colaboradores.

Es con gran entusiasmo que recomiendo esta obra. En una época en la que América Latina carece de buenos modelos de líder, Osvaldo surge no solo como un gran líder y ejemplo a seguir, sino como un calificado maestro acerca del liderazgo. Su vida, su carrera y su profesionalismo son factores que respaldan el hecho de que en este libro no leeremos acerca de las teorías o ideologías de un hombre, sino de la experiencia y los resultados de su liderazgo. Mi esperanza es que en América Latina se levanten más líderes como Osvaldo y de esta manera veamos más candidatos a este nuevo modelo de líder que ame, inspire y motive a los latinoamericanos hacia su destino en Dios.

Con profundo respeto,

Marcos Witt
Houston, Texas
Mayo, 2004

INTRODUCCIÓN

*Jesús dijo: «Id, y haced discípulos a todas las naciones,
bautizándolos en el nombre del Padre, y del Hijo, y del Espíritu Santo, enseñándoles que guarden todas las cosas
que os he mandado; y he aquí yo estoy con vosotros todos
los días, hasta el fin del mundo»* —Mateo 28:19-20.

Como pastor he implementado todas las estrategias posibles para llevar adelante la evangelización de mi nación. He impulsado a cada
miembro a ser parte activa en la evangelización personal de su familia, barrio, trabajo o lugar donde realice sus actividades. Siempre, en
cada reunión especial, sean convenciones, aniversarios de la iglesia
o reuniones de celebración de Pascua o Navidad, el énfasis siempre
estuvo dado por la importancia de llevar personas nuevas a la reunión. Nunca fuimos una iglesia de puertas para dentro.

Sin embargo, no fue hasta que descubrimos que cada miembro podía
ser un líder, que comenzamos a experimentar un crecimiento explo-
sivo. Desde ese momento cada líder se convirtió en un evangelista.
Es más, mientras yo me encuentro sentado escribiendo, en cientos de
lugares de mi ciudad se encuentran decenas de líderes guiando a las
personas a conocer de Jesús. La evangelización ya no depende solamente del pastor, de un evangelista o de un grupo de personas, es parte de toda la iglesia que se involucra a través del liderazgo.

El alcance a través del liderazgo es ilimitado. El líder está y ejerce su
influencia donde se encuentra la gente, y los lugares son los más di-
versos, desde escuelas, bares, universidades, casas de familia, plazas,
cárceles, en los mismos sitios donde trabaja la gente, los lugares van
desde los más humildes hasta los más encumbrados, como puede ser
la Casa de Gobierno de la Nación.

Recuerdo que luego de cada campaña, la gente se entregaba y en el escritorio de mi oficina quedaban cientos de datos de personas que habían hecho su decisión de fe y esperaban el contacto con la iglesia. Todos los miembros se iban contentos a sus casas y yo me preguntaba: «¿Cómo hacer para preparar el biberón a tantos recién nacidos?». Por más empeño que pusiera, siempre quedaba mal con alguien.

La iglesia tenía una gran puerta giratoria, por una entraban y por otra salían. Al descubrir la gran fuerza del trabajo con el liderazgo logramos que un setenta por ciento de las personas que se acercaron a la iglesia permanecieran y se integraran.

Al despertar a los miembros de nuestra congregación hacia una actitud de liderazgo, se activa su potencialidad y todos tienen una oportunidad de alcanzar su sueño. De este modo se acabaron las áreas exclusivas para determinadas personas, todos pueden evangelizar, discipular, pastorear y llevar adelante todas las actividades relacionadas con el ministerio.

¡Dios está levantando una nueva generación de líderes que aman el pastorado! Ellos dignificarán la imagen del siervo de Dios que durante mucho tiempo estuvo empequeñecida.

Estimado consiervo, si anhela crecer sin límite, lo animo a abrir su mente y espíritu, permita que Dios le hable y compruebe de forma personal la transformación explosiva de su congregación.

Descubra cómo puede formar líderes en quienes delegar confiadamente. En las páginas de este libro encontrará una guía que lo ayudará en esta labor.

«Lo importante en este mundo no es tanto dónde nos encontramos, sino en qué dirección vamos» —Oliver Wendell Holmes.

OSVALDO CARNIVAL
Buenos Aires, Argentina

CAPÍTULO 1
Un ejército de líderes

Observando un mapa del mundo de su tiempo, Napoleón, rodeado de sus colaboradores, refiriéndose a China, expresó: «En el mundo existe un gigante dormido, cuando este se despierte el mundo temblará».

Los años han transcurrido y nos toca a nosotros ser espectadores del despertar económico e industrial de este gran gigante de más de mil millones de personas.

Personalmente, hablando del cristianismo, creo que el verdadero gran gigante a despertarse es la *iglesia de Jesucristo*, y nosotros seremos los protagonistas de su despertar, pero su secreto no se centrará en figuras unipersonales, sino en la «Fuerza de Liderazgo».

El trabajo constante y desinteresado ha sido siempre la característica esencial de la iglesia del Señor. Si nos detenemos en su historia veremos una innumerable cantidad de ejemplos que así lo demuestran.

Sin embargo, muchas veces todo parece indicar que el esfuerzo, por más intenso y profundo que sea, no es suficiente si no es acompañado por un factor llamado «inteligencia».

La inteligencia es el elemento que hace eficaz el esfuerzo dándole forma a los anhelos, y va por delante del hombre abriéndole caminos con propósitos.

Argentina es un país bendecido por sus diferentes climas y maravillosos paisajes, pero si usted lo visita, una de las cosas que recordará para siempre será su buena carne. Un delicioso y tiernísimo bistec. Pero imagínese que está a punto de disfrutarlo cuando se da cuenta que el único elemento a su disposición para comerlo es una cuchara. Sería imposible degustarlo sin los utensilios adecuados. Recuerdo haber visto alguna vez a mis hijos cuando eran pequeños, intentar en su inocencia saborear una rica sopa haciendo uso del tenedor. Tanto el ejemplo anterior como este generan gran cansancio y frustración.

Concentrarnos en el liderazgo hará que cada labor se realice con inteligencia y se convierta en la clave para ver nuestros sueños hechos realidad.

Personalmente, en esa búsqueda por alcanzar la realización del sueño de predicar el evangelio y hacer posible que la iglesia de Jesucristo creciera en mi nación, intenté poner en práctica los diferentes modelos de crecimiento que todos conocemos.

«El pastor orquesta»

Comencé con el modelo de «el pastor orquesta». Es aquel que corre de un lado a otro tratando de realizar todas las actividades de manera excelente y al mismo tiempo. Son tantas las tareas y necesidades a suplir que resulta imposible enfrentarlas, por lo tanto, se generan los espacios vacíos y se percibe en el aire de la congregación muchos bebés espirituales llorando, reclamando su biberón a tiempo, y a un pastor con muchos sueños, buenas intenciones y entrega, pero... agotado.

Cuando uno se encuentra solo en la tarea pastoral, corre el riesgo de que la iglesia se convierta en un «Gran Orfanato». ¿Cuál es la característica sobresaliente en este tipo de establecimientos? Los huérfanos. Este es el sitio donde el director corre de un lado al otro solucionando problemas y apagando incendios.

Cuando desarrollamos la fuerza del liderazgo dentro de la iglesia podemos transformarla en una gran «familia», donde muchos otros, por no decir todos, son parte del trabajo pastoral. Además, en una familia, sea la misma pequeña o grande, ya no hay huérfanos.

Cuando comencé la iglesia de la cual soy pastor, cada domingo, mientras yo predicaba de forma esmerada mi elaborado sermón, mi esposa Alejandra se paraba detrás de la congregación y contaba el número de los asistentes, así como nos cuenta la parábola del pastor y sus ovejas. De esta forma resultaba sencillo saber si la ovejita llamada «Susana» faltaba, entonces, al día siguiente, hacía contacto con ella.

Al comienzo del ministerio esto es práctico y realizable, pero si usted está interesado en ganar su ciudad para Cristo, esta técnica le resultará totalmente ineficaz. Además, en la medida que la congregación crece, junto con ella aumenta una gran cantidad de compromisos que no se pueden eludir. Por tal motivo su agenda semanal se verá envuelta en llamadas telefónicas, visitas a hospitales, celebraciones de cumpleaños, aniversarios, casamientos, bendiciones a nuevos emprendimientos y viviendas adquiridas por sus feligreses. Al cabo de un tiempo verá que sus demandas se multiplican, pero su día sigue teniendo la misma cantidad de horas, es decir veinticuatro horas. Es allí cuando el líder comienza a inquietarse y surge la pregunta: «¿A quién me debo?». Es imposible estar presente en cada acontecimiento. Cuánto más se esfuerce, más fallará y más se frustrará.

Muchos líderes y pastores no necesitan que les detalle más al respecto porque conocen muy bien la temática y han sufrido o sufren las consecuencias del exceso de trabajo en carne propia.

El modelo del pastor orquesta tan ampliamente difundido, deja sus marcas de estrés y poca satisfacción.

Escuché decir a John Maxwell en una conferencia para líderes que los Seminarios Bíblicos muchas veces nos forman para aconsejar, no para equipar. La persona que se limita a aconsejar va por detrás de los problemas, mientras que aquel que equipa va por delante de la dificultad.

La persona que logra equipar a su liderazgo se adelanta a los futuros problemas que luego, indefectiblemente, se deberán solucionar por medio de la consejería. O ponemos la ambulancia debajo de la montaña o nos anticipamos y construimos la protección de camino para que ningún automóvil caiga al precipicio.

Por otra parte, es razonable pensar en la limitación de los resultados siguiendo el modelo del pastor orquesta. Una iglesia que solo depende de la iniciativa y trabajo de una sola persona para su expansión, en este caso el tan vapuleado pastor, desarrollará un nivel de crecimiento poco significativo. Por más capacitado y ungido que se encuentre, presenta un límite ineludible: es humano.

Debido a esto podemos seguir adelante con la búsqueda y pasar al siguiente paso.

«Equipo ministerial»

En las iglesias administradas por un «equipo ministerial», de acuerdo a las demandas y necesidades, van surgiendo nuevos líderes, muchos de ellos recientemente graduados de los Seminarios Bíblicos, los cuales serán los responsables de estar al frente de los diferentes ministerios.

Si bien esta etapa es buena y menos agotadora para el pastor, su gran punto débil sigue siendo el crecimiento limitado.

Por muchos años estuvimos orientando nuestras fuerzas a los servicios, a los cultos durante el fin de semana, ya que estos eran los días claves. Pero hoy, para mí, la fuerza está puesta en los días comprendidos entre el lunes y viernes, ya que allí se concentra el trabajo en el liderazgo, y en esos días se desarrollan las reuniones de grupos pequeños (llamadas en algunos casos: grupos hogareños ó células), y también se trabaja con la escuela de discipulado, la escuela de líderes.

Esta escuela tiene el objetivo de formar al recién convertido en la Palabra. Consiste en una clase semanal de dos horas. Durante la primer hora, el alumno recibe enseñanzas relacionadas con la vida práctica, y en la segunda se abordan temas teológicos, que le dan la base de la fe cristiana. Todo esto se realiza en el transcurso de un año, comprendido en cuatro bloques.

Desde que la persona llega a la iglesia se realiza un seguimiento intensivo. Lo primero es invitarlo a un retiro espiritual, llamado «Encuentro». Allí se le ministra en tres aspectos: sanidad de las heridas del pasado, liberación y una nueva relación con el Espíritu Santo.

Al regresar se integra a la escuela de discipulado, y antes de que acabe la misma, es llevado nuevamente a otro retiro donde se termina de afianzar a la persona en la fe y se la motiva a formar parte activa del llamado de Dios para su vida, que no es otra cosa que ser parte activa de la Gran Comisión que Jesús nos entregó.

Personalmente, cuando mi iglesia pudo alcanzar este grado de transformación, fui impactado al recorrer las aulas de la iglesia y verlas completamente llenas, desbordando. Vi con mis ojos el sueño hecho realidad, miles de personas recién convertidas preparándose para llegar a ser un líder eficaz. Esta hermosa gente es parte de la nueva generación que Dios está levantando alrededor del mundo para la conquista espiritual de nuestras ciudades y naciones. ¡Esto es maravilloso y altamente gratificante para cualquier líder que ama la obra de Dios!

Cuando usted llega a esta etapa se encuentra desarrollando una iglesia de líderes. Para ese momento toda la iglesia está involucrada en el ministerio. Dejamos de tener una congregación de bebés espirituales que lloran reclamando su biberón para pasar a tener una iglesia madura, donde cada miembro es entrenado para ser un hombre y una mujer de impacto en su sociedad. Ya no hay lugar para la ociosidad, la queja y ni siquiera los chismes, la gente estará muy ocupada entrenándose para ser parte del propósito de Dios.

Cuando la iglesia local se concentra en entrenar a cada nuevo convertido para que el mismo sea un líder maduro y logre su máximo potencial, el alcance de esta congregación será ilimitado, tendrá un amplio impacto en su nación.

Cuando «Catedral de la Fe», la iglesia que pastoreo, comenzó a experimentar esta etapa de transición, un joven tuvo una visión. Él contó que veía un gran ejército, el cual se levantaba en el horizonte, era tan grande que no se podía contar. En ese momento escuchó una voz que le dijo: «Límpiate los ojos». Cuando lo hizo, miles eran agregados a los escuadrones. Mientras más limpiaba sus ojos, más se multiplicaba la cantidad de soldados, hasta llegar a convertirse en millares.

Quiero decirles que a medida que el tiempo transcurre puedo comprobar que esta visión se cumple cada vez más entre nosotros. La iglesia crece con mucho menos esfuerzo de mi parte, y lo hace tanto numéricamente como en madurez espiritual y en el desarrollo de habilidades para implementarlas en el ministerio. El crecimiento es de forma cuantitativa y cualitativa. Es una iglesia ordenada y madura. ¿Cómo? A través de cada miembro que ha sido entrenado y despertado espiritualmente para la labor que el Señor Jesucristo nos encomendó: «Id por todo el mundo y predicad el evangelio».

La clave: el desarrollo del liderazgo

Si observamos los modelos de iglesias más crecientes alrededor del mundo, veremos un común denominador: cada una de ellas se concentran en el desarrollo de líderes. Ellas pertenecen a diferentes denominaciones, que van desde las carismáticas a las más tradicionales y de línea conservadora.

Menciono aquí algunos de estos ministerios:

Bill Hybells, Willow Creek Community Church, South Barrington, Illinois.

Rick Warren, Saddleback Church, Lake Forest, California.

César Castellanos, Misión Carismática Internacional, Bogotá, Colombia.

Lawrence Khong, Faith Community Baptist Church, Singapur.

David Yongi Cho, Yoido Full Gospel Church, Corea.

Si bien cada uno de los ministerios mencionados desarrollan diferentes estrategias, el principio es el mismo: Capacitación y desarrollo del liderazgo.

El reconocido escritor Víctor Hugo dijo: «Nada es tan poderoso como una idea que a su tiempo llegó». Si queremos pequeños resultados trabajemos sobre la conducta, si queremos grandes cambios trabajemos sobre paradigmas. ¿Qué es un paradigma? Es una forma de pensar establecida y reconocida, que llega a ser una estructura mental.

Antes de que fuesen descubiertas las medidas de asepsia, moría más gente en los hospitales de campaña que en los frentes de batalla.

Por otra parte, las mujeres preferían ser atendidas por las comadronas o parteras en sus casas que recurrir al hospital para dar a luz a sus hijos. Es que había mayor mortandad infantil en los hospitales que en los hogares. Allí las mujeres tenían un alto grado de limpieza y se lavaban. Los médicos no supieron el porqué de tantas muertes hasta que se cambió de paradigma.

Hoy más que nunca se evidencia la necesidad de romper con viejas estructuras, que nos fueron útiles en otro tiempo, pero que hoy nos mantienen atrapados y se constituyen en los peores enemigos del crecimiento.

Por otra parte los líderes sufren con regularidad el apremio de quienes le rodean. Se sabe con certeza que siempre resulta más fácil «hablar» que «hacer». Este es el gran dilema: ¿seremos meros espectadores o comprometidos protagonistas?

Por un momento el espectáculo que se vive en una plaza de toros me hace reflexionar justamente acerca de esa presión sin compromiso que ejercen quienes nos rodean. Situémonos. En este escenario se ve por un lado a un hombre de contextura física pequeña, de alrededor de cincuenta y ocho kilos, que con mucho esfuerzo y dedicación entrenó y se preparó para enfrentar tanto física como mentalmente a un enfurecido toro. A pocos metros del torero nos encontramos con el mismísimo toro, una gran masa de carne enfurecida, dispuesta a arremeter contra lo que se le pare delante. En la distancia se encuentra el público, los espectadores, ellos no saben nada acerca del duro entrenamiento al que se sometió el torero, y ni siquiera se animan a acercarse a la arena, simplemente, sentados cómodamente en sus butacas, están dispuestos a observar, a disfrutar y por supuesto a *opinar* acerca de que todo lo que allí suceda. Desde afuera es fácil juzgar acerca del desempeño del torero y proponer diferentes estrategias o alternativas, pero recordemos, entre esa gran multitud solo un menudo hombre se animó a bajar a la arena y enfrentar al toro. En el momento del enfrentamiento solo hay un hombre y un toro rabioso.

Note la diferencia: una persona que se juega la vida y otros, una multitud, que sin riesgo alguno solo se limitan a opinar.

Esta es la imagen que muchas veces veo reflejada en las iglesias. Líderes que se encuentran solos frente al toro feo y enorme. ¿Se ha sentido alguna vez como uno de ellos?

Para muchos es más sencillo ser espectador que protagonista de la historia. Aunque el ser espectador es una actitud mediocre y poco complicada, son ellos los que remarcan la forma de hacerlo sin ser ellos los que «expongan el pellejo».

Sin embargo, el protagonista es el que a través del compromiso y la dedicación se siente parte vital de la historia, siente que su participación puede provocar un inmenso cambio. Su pasión por ser parte del propósito de Dios lo motivará a entregarse por completo, correrá todos los riesgos, no esquivará ningún compromiso, simplemente se dedicará a llevar adelante su liderazgo con excelencia y compromiso. ¿Cómo es su congregación: una iglesia de espectadores o de protagonistas? El cambio de actitud y protagonismo traerá el cambio.

Estimado líder si se anima a cambiar, los resultados hablarán por sí mismos. Su vida y ministerio serán bendecidos y multiplicados mucho más de lo que siempre soñó.

Dios está visitando la iglesia con un fuerte espíritu de conquista. Es tiempo de arrebatar las naciones para Cristo.

¿Qué hará usted? Su repuesta marcará el nivel de incidencia que logrará. Hay una fuerza multiplicadora y avasallante en sus manos. Despierte a su gigante, desarrolle su liderazgo.

Lo animo a que continúe la lectura y sea parte del nuevo ejército que Dios está levantando. ¡Anímese! ¡Manos a la obra!

CAPÍTULO 2
La importancia de soñar

«Si pensamos que los años arrugan la cara, el carecer de un sueño arruga el alma y uno se vuelve viejo. La juventud no depende de los años sino de la frescura de los sueños. Un sueño hace que la vida se abra paso. Una persona con sueños siempre está vibrando y se eleva por encima de las dificultades» —Anónimo.

«Cada mañana saco del sueño otro sueño»

—Pablo Neruda.

El nombre Tiger Woods encierra todo un símbolo para los amantes del golf. Cuando este hombre era solo un niño pegó en la pared frente a su cama fotos de Jack Niclaus donde se le veía ganando diferentes premios internacionales. Niclaus es llamado «El Oso de Oro», y es uno de los más famosos de la historia del golf.

Al entrar su padre a la habitación, Tiger le dijo:

—Papá, yo voy a lograr cada uno de sus premios.

Cuando Tiger tenía alrededor de doce años de edad, una persona se acercó a Niclaus y le dijo:

—Quiero que veas jugar al golf a un niño, y lo llevó frente a Tiger.

Al observarlo quedó sorprendido y expresó:

—Él no solo será capaz de alcanzar mis logros, sino que los superará ampliamente.

Hoy, Tiger Woods, es toda una leyenda. Es el único jugador de la era moderna que alcanzó los cuatro títulos más importantes de una sola vez. El narrador del Abierto de los Estados Unidos expresa lo siguiente: «Esta es la hazaña más grande que alguien haya alcanzado jamás en cualquier deporte. ¡Hemos sido testigos de un milagro!».

Generalmente se piensa que la plenitud de este deporte se alcanza a los cuarenta años, sin embargo él llegó a conquistar la cima mucho antes.

¿Qué cosa marcó la diferencia? Un sueño.

¿Tiene usted su propio sueño?

En la vida conviven tres grupos de personas:

Los pasivos:

Esta gente no se preocupa mucho por los problemas personales, y mucho menos por los de los demás. Su mente es limitada, mientras tienen lo necesario para dormir y comer, se sienten satisfechos y contentos. Frecuentemente dicen: «Como usted diga, como usted quiera». Siempre están sujeto a lo que otros digan. Trabajan, pero siempre dirigidos por los demás.

Los realizadores:

Este grupo está constituido por gente inquieta, activa. Personas que trabajan mucho. Por lo general, una vez alcanzado un logro se trazan una nueva meta. Viven poniéndose un tope, un límite. Buscan una jubilación y disfrutan de lo sembrado. Se sienten satisfechos al alcanzar una meta.

Los soñadores:

Son personas que tienen las mismas características que los realizadores, solo que no tienen *límite*, siempre van más allá, mueren haciendo, no los detiene las dificultades, nunca se imponen un tope, anhelan y quieren más. Son los que todo lo transforman, por donde ellos pasan nada permanece de la misma forma. Son generadores innatos de nuevas atmósferas. Cambian el clima en la familia, los barrios, las ciudades, las naciones.

¿A qué grupo pertenece usted? ¿Pasivos, realizadores o soñadores?

Lo «extra» ordinario

Los primeros cristianos fueron «soñadores», ellos soñaron con un mundo completamente transformado. Por muchos años sufrieron la decadencia económica, moral y espiritual de su nación, pero cuando Jesús los tocó comenzaron a soñar y lo vieron totalmente diferente.

Si los observamos vemos que la hora que les tocó vivir les exigió aceptar un gran desafío. Jesús ya no estaba con ellos. Pero esto no los desanimó, con todo arrojo y valentía se lanzaron sobre las ciudades, abrazándolas con el poder transformador del evangelio. Lo hicieron con mucha osadía. Fueron perseguidos, maltratados, muertos, pero ninguna de estas cosas mellaron lo más precioso que poseían: su llamado, su sueño. El sacrificio y la entrega fueron ilimitados. Tuvieron un sueño y aceptaron el reto.

Hay una marcada diferencia entre lo ordinario y lo extraordinario, y está en el prefijo «extra». Para transformar algo ordinario en extraordinario se necesita algo «extra», extra tiempo, extra esfuerzo, extra compromiso, dinero, amor. Lo extraordinario se alcanza con algo «extra». Cada vez que usted se conforme con hacer lo mínimo, lo indispensable, nada sucederá. La diferencia lo hará lo «extra», más tiempo, más empeño, más constancia, más y mejores sueños.

La iglesia primitiva fue una iglesia protagonista, no fue una iglesia solamente espectadora.

¿Podrá Dios contar con usted? ¿Es el observador cómodamente sentado en la tribuna en la plaza de toros o el audaz torero en el centro de la arena?

Los sueños nos llevan a cosas nuevas. Los padres de la iglesia estaban acostumbrados a caminar cómodamente junto a Jesús y que él les proveyera todo lo necesario. Eran solo los doce y Jesús. Sin embargo él les había impartido la visión de que se multiplicaran en miles. Para llegar a esto algo tenía que quebrarse.

Indefectiblemente para que la iglesia crezca de manera ilimitada, como él nos ha prometido, debemos pasar por el camino del cambio, debe haber una modificación en la manera de pensar, aprender a pensar correctamente. Lo que pensamos se refleja luego en los actos, por eso considero fundamental que la transformación comience desde adentro hacia fuera. Los sueños transforman la manera de pensar y de ver las cosas.

¿Cómo llegaron los doce apóstoles a evangelizar todo el mundo conocido de la época en tan solo algunos años? Los impulsó su sueño y el genuino compromiso de cada cristiano perteneciente a la iglesia primitiva. No fue un logro de los doce de Jesús, el libro de los Hechos declara que el logro le pertenece a la iglesia.

Cuando una congregación nace, la llegada de los primeros convertidos es toda una alegría, pero si no se organiza, pronto la alegría se tornará en desilusión, ya que lo que se gana en una semana se pierde en la siguiente. La gente entra por una puerta y sale por otra. Esto se asemeja a la puerta giratoria de algunos comercios, mientras algunas personas ingresan, otras salen. Urgentemente hay que cerrar la puerta de atrás de la iglesia para que de esta forma se retenga todo el fruto. Toda la iglesia debe de ser formada para hacer la obra del ministerio.

El líder con visión se ajustará al cambio, el que no lo haga desfallecerá en el intento. Una visión clara fue lo que distinguió a los apóstoles.

Ellos eran gente sencilla, del vulgo, que no miraron sus limitaciones sino que se atrevieron a fijar sus ojos en el sueño: Alcanzar al mundo con el evangelio.

Creyeron que esto no se lograría por medio de una emisora radial, a través de un programa de televisión o por el ministerio de un evangelista. Esto se lograría por medio de la estrategia que Dios les daba. Pero esta no vendrá si primero no se tiene un sueño.

Para ello es necesario un primer paso: *Atreverse a soñar.*

La expectativa del sueño

Existe un sentimiento que acompaña al sembrador en su tarea: la esperanza. Nadie sale a trabajar la tierra sin la expectativa de recoger en un tiempo estimado el fruto plantado. El que siembra debe soñar. Para esto muchas veces hay que romper con el poder de la resignación.

Necesitamos tener una visión, un sueño. De lo contrario, la situación puede asemejarse a la de un barco bien abastecido y con tripulación suficiente para zarpar, pero sin un destino, sin un puerto de llegada. Una persona sin un sueño, sin un objetivo, no llegará a ninguna parte.

Dios quiere restaurar su capacidad de soñar porque *él soñó con usted.* Su vida no es una casualidad. El hombre no es un accidente del espacio, como en ciertas oportunidades quieren hacernos creer. Tampoco es una consecuencia de la evolución. Siempre pienso que se necesita mucha más fe para creer todas esas teorías erróneas que para creer que la Palabra de Dios dice.

El libro de Génesis nos cuenta que en el momento de la Creación Dios hizo todas las cosas por su palabra. Él dio una orden y lo que se ve fue hecho de lo que no se veía. Pero cuando llegó el momento de crear al hombre, Dios se detuvo y dijo: «Hagamos al hombre». Tomó polvo en sus manos y con la pericia de sus dedos lo moldeó. Le dio forma. Está comprobado científicamente que la tierra posee catorce componentes básicos y el hombre posee esos mismos componentes en su composición física.

Los científicos dan sus explicaciones, pero esos conocimientos pronto pasan. Pretendiendo ser sabios se convierten en necios. Pero la Palabra de Dios permanece para siempre y su consejo no hay quién lo oscurezca (Romanos 1:22).

Dios lo tuvo en sus planes

Nada es casual, todo tiene una razón de ser. Cada parte del cuerpo tiene un propósito y cumple una función. Es admirable observar los detalles en la Creación. Por ejemplo, el cabello de las personas que viven en zonas cálidas por lo general es enrulado para que el aire ingrese fácilmente y ventile la cabeza. Así también el color de la piel es más oscuro para resistir la intensidad de los rayos del sol. Aún los frutos de esas tierras contienen mayor cantidad de líquido satisfaciendo la necesidad de los habitantes, debido a las altas temperaturas.

En cambio, en las zonas frías, los animales poseen más grasa, proveyendo así el alimento adecuado para el hombre.

Si el hombre se detiene a observar la dirección de los vellos de su piel verá como el pelo en los brazos, cejas y pecho está dispuesto de tal manera que al exponer el cuerpo al agua la misma se escurra rápidamente. En todo hay sabiduría.

Job lo enuncia con mucha elocuencia: «*Acuérdate que como a barro me diste forma; ¿y en polvo me has de volver? ¿No me vaciaste como leche y como queso me cuajaste? Me vestiste de piel y carne, y me tejiste con huesos y nervios. Vida y misericordia me concediste, y tu cuidado guardó mi espíritu*» (Job 10:9-12).

El salmista expresa: «*Fui puesto a tu cuidado desde antes de nacer, desde el vientre de mi madre mi Dios eres tú*» (Salmo 22:10 NVI).

No viene al caso saber si estaba en los planes de sus padres, pero puedo asegurarle que estaba en los planes de Dios. Él es soberano, y lo formó a su imagen y semejanza. No es preocupación del padre o la madre la simetría perfecta del cuerpo del hijo. El papá no se desvela por las noches pensando dónde va la oreja del niño y dónde la nariz. ¡Pobre de nuestros hijos si así lo fuera! ¿Puede imaginarlo? «*Porque somos hechura suya, creados en Cristo Jesús*» (Efesios 2:10). Él nos hizo.

El valor de los sueños

Los sueños nos dan propósito

Cuando no hay un sueño, la vida es vana. La gente vive por vivir. Esto es aplicable tanto al rico como al pobre, al que tiene y al que no tiene, sin un sueño desperdicia su tesoro más valioso: la vida. Los días transcurren sin grandes sobresaltos ya que nadie es capaz de dar la vida por algo, porque no hay sueños.

Leí acerca de la incorporación de uno de los gerentes más importantes a la internacionalmente conocida compañía «*Apple*».

La nota explicaba cómo el dueño de la empresa le había ofrecido un puesto de gran envergadura a un gerente, el cual desempeñaba sus funciones en la compañía Coca-Cola. Él tenía una buena situación económica y estaba cómodo en su sitio de trabajo, no necesitaba ningún cambio.

Cuando le ofrecieron cambiarse de empresa por el mismo sueldo, lo rechazó. Los que hacían la propuesta pensaban que se trataba de cuestión de dinero y le ofrecieron una mayor remuneración. Sin embargo, rechazó la oferta nuevamente.

Finalmente, el dueño de *Apple* le dijo: «No puedo comprender cómo te conformas con fabricar agua con azúcar, mientras delante de ti se abre la posibilidad de revolucionar el mundo». Entonces, y no antes, aceptó la propuesta.

El sueño le da consistencia a la vida, sin él el hombre se involucra en lo pasajero y temporal. Hoy todo es imagen, no se ve más allá de lo que está al alcance de los ojos. Los jóvenes eligen sus parejas basados solamente en lo que ven. Pero luego, el tiempo transcurre, la cara linda pasa y el cuerpo perfecto también. Es allí cuando se comienza a pensar en cambiar de pareja.

El conocido libro de Proverbios dice: «La gloria del hombre es como la flor, sale el sol y se seca, se marchita. Pero aquel que hace la voluntad de Dios permanece para siempre».

Un joven conoció a una chica y al instante su corazón fue atrapado por la melodiosa voz de esta joven, se enamoró de su voz. En lo único que el joven reparaba era en cómo cantaba. Carecía de belleza física y sus virtudes no eran muchas, pero cuando subía al escenario y entonaba una canción, su magnífica voz hacía que el muchacho olvidara el resto.

Finalmente se casaron. Pero en la luna de miel, al despertar el primer día juntos, él la observó por largo rato, en ese instante cayó a cuenta de la realidad. Cuando ella despertó, él no se cansaba de decirle: «Por favor mi amor, canta».

Es importante que los sueños nazcan en Dios para que los mismos sean firmes.

Por mucho tiempo nos acostumbramos a vivir al día. Si tenemos dinero lo gastamos y no medimos el propósito. Existe la presión del consumismo que determina que hay que tener para pertenecer, para ser.

La vida es mucho más que comer y vestir. Hace poco tiempo leí acerca de un funcionario del Ministerio de Medio Ambiente el cual contrajo matrimonio. Para sorpresa de sus invitados y escándalo de su país, a cada invitado le obsequió como recuerdo de su boda «pepitas de oro».

Sin un sueño todo se desperdicia. Concentre sus esfuerzos en tener un sueño, un gran sueño.

¿Sabía usted que el tiempo que le lleva pensar un pobre sueño es el mismo que el que necesita para un gran sueño? Decídase por aquel que le otorgará sentido a su vida y asegúrese que ese sueño nazca en Dios.

Un sueño puede cambiar todas las cosas

Vivimos en un mundo materialista, si se puede ver y tocar, entonces pensamos que es real. Pero esto no es así, la materia no da vida a nada. Por ejemplo, una pareja puede tener su casa propia, pero esto no significa que posean un hogar. El hogar es antes que la casa. Así los sueños son antes que las cosas.

Dios creó todo de un sueño, «de la nada». «*Él llama las cosas que no son como si fueran*» (Romanos 4:17).

Los sueños son antes de las cosas.

Dios le entregó al hombre la capacidad de soñar. El ser humano puede tener un sueño, una idea y luego materializarla.

Días atrás mi esposa me dio un casete que ella guardaba entre sus pertenencias. Se lo había enviado durante el tiempo en que éramos novios (alrededor de veinte años atrás). Para que usted comprenda un poco más nuestra historia le explico que conocí a Alejandra cuando ambos cursábamos el Seminario Teológico. Ella era de una ciudad del interior del país, y yo de la capital de la nación.

Fuimos novios durante catorce meses y solo compartimos juntos seis, ya que en el período de vacaciones ella regresaba a su ciudad. En la distancia nos relacionábamos por medio de llamadas telefónicas, muchas cartas y algunos viajes. En ese tiempo comencé la iglesia de la cual somos pastores. Cuando estábamos distanciados le envié el casete en cuestión.

En el momento que volví a escucharlo me asombró el entusiasmo con el cual le hablo. Si bien habíamos soñado con nuestra iglesia propia, recién estábamos en los comienzos. Allí yo le comento con pasión todo lo que Dios estaba haciendo y lo que por fe sabía que haría. Creo que de alguna forma estaba queriéndola convencer de que Dios tenía cosas grandes para nosotros y también (lo entiendo ahora) por medio de la fe desafiarla a entrar sin dudar en ese sueño. Tenía que dejar su ciudad y su estabilidad para juntos lanzarnos al sueño. Sinceramente por ese tiempo había mucho deseo, algunas señales y pocas realidades.

Lo cierto es que ambos creímos que podríamos lograrlo y nos lanzamos. Los primeros años fueron muy lindos, pero lo que habíamos soñado no vino rápidamente. Tuvo su tiempo. Hubo que esperar y seguir creyendo. Sin embargo, hoy Dios nos ha bendecido y muchas de las cosas que soñé y dejé grabadas en esa cinta en la actualidad son realidad. Cuando veo las multitudes participar en cada servicio mientras otras miles aguardan para ingresar a la próxima reunión, o cuando nuestros programas de televisión son emitidos por los canales de mayor audiencia, mi corazón se siente agradecido. He sido bendecido con una congregación con un alto grado de compromiso, entrega y fidelidad, que se evidencia en el seguimiento incondicional en cada uno de los desafíos que constantemente les planteamos. ¡Dios es bueno y fiel!

El sueño cambia la vida porque nos permite ver lo que Dios ve.

Los profetas del Antiguo Testamento experimentaron esto. El libro de 2 Reyes en el capítulo seis nos cuenta cómo Eliseo exhorta a su siervo cuando ambos se preparaban para enfrentar una batalla. El siervo se levantó por la mañana y observó cómo un gran ejército tenía sitiada la ciudad, esta gente estaba equipada y ellos no tenían nada. Allí Eliseo le dijo a su siervo: «No tengas miedo, porque más son los que están con nosotros que los que están con ellos», y el profeta oró para que los ojos de su siervo fueran abiertos. Entonces Dios abrió los ojos del criado, y este miró, y el monte estaba lleno de gente de a caballo, y de carros de fuego alrededor de Eliseo. ¡Qué cambio se opera cuando Dios nos toca!

El sueño permite que el futuro opere en el presente

Al leer la historia de la empresa de bebidas Coca Cola descubrí que uno de los presidentes más destacados de esta compañía fue Robert Woodruff, quien ocupó ese cargo hasta el momento de su muerte. Cuando finalizó la Segunda Guerra Mundial este hombre expresó en voz alta su sueño: «Que el nombre Coca-Cola se conozca en todo el mundo y que cada hombre pueda saborearla». Así fue. ¿Cuántos hemos tomado una Coca-Cola alguna vez? Hay lugares en el mundo donde no saben quién es Jesús, pero sí saben qué es una Coca-Cola.

La visión transforma lo inexistente en existente. Moisés se mantuvo como viendo al Invisible, esta actitud nos relaciona con el mundo de lo que no se ve.

A principio de siglo un hombre dijo: «Toda casa tendrá un auto» y así revolucionó la era automotriz, este hombre fue Henry Ford.

Existe un peligro que acecha al sueño, queriendo que el mismo quede atrapado, se llama: los problemas del presente. Si bien hablaremos de esto más adelante, solo permítame decirle que la visión hace que cada problema se transforme en una oportunidad.

Un pastor se encontraba dedicado a la tarea de construcción del templo para su congregación. Con esfuerzo y dedicación estaba logrando su objetivo cuando de manera repentina se desató una gran tormenta, trayendo como consecuencia la caída de gran parte de edificio. Inmediatamente muchos fueron a consolarlo, pero quedaron sorprendidos cuando él les dijo: «Esta es la oportunidad perfecta para hacer un templo más grande».

En el presente puede haber desolación, pero la visión hace que el mismo sea totalmente modificado por el futuro. Lo que Dios ha preparado para su vida no se relaciona con su hoy, siempre es mucho pero muchísimo más abundante de lo que tiene hasta ahora.

La visión atrae el compromiso de la gente

Por mi tarea, es habitual que me relacione continuamente con líderes. Algo que suelo escuchar de ellos es la queja de la falta de compromiso de su gente, pero en realidad lo que yo noto es que se carece de una visión, de un sueño.

La Biblia dice que el pueblo pereció por falta de visión. Hubo desenfreno porque no se sabía a ciencia cierta hacia dónde se conducía la nación. Esta es una responsabilidad indelegable de los líderes de un pueblo. De forma innata la gente busca motivos por los cuales comprometerse.

Alguien pasó por un pueblo que era muy apocado e indiferente, frente a esto expresó: «Denle una liebre para perseguir y verán como todo cambia».

Las personas buscan desafíos importantes, trascendentes, donde valga la pena el esfuerzo.

Esta es una de las razones de por qué aumenta el entusiasmo para participar en tareas comunitarias como hacer una plaza, construir una vivienda para los más necesitados, organizar un comedor para alimentar a niños carentes de recursos, así como también para sumarse en proyectos de conservación y preservación de la ecología, como los que realiza *Greenpeace Internacional*.

Hace muchos años atrás, mientras viajaba a Estados Unidos por medio de la desaparecida aerolínea Pan Am, me sorprendí al ver entre los pasajeros un gran número de jóvenes entusiastas. Estaban vestidos con sus ropas de color caqui y su corte era militar. Inundaron el avión con diferentes cánticos.

Cuando tuve oportunidad le pregunté a una de las azafatas qué era lo que sucedía. Ella me respondió que estos jóvenes viajaban para sumarse a la guerrilla de Nicaragua, en Centro América, la cual en aquellos tiempos ardía en conflictos. Ellos iban dispuestos a entregar su vida por la causa comunista. ¡Cuánta ironía! Hoy el tiempo transcurrió y muchos cambios ideológicos se llevaron a cabo. Gran parte de los ideales por los cuales murieron carecen de sentido, pero lamentablemente estos jóvenes ya están muertos, murieron por algo que ya se desechó. Todos somos movidos por un sueño, y esto atrae la entrega absoluta al compromiso de las personas.

Quiera Dios que abra sus ojos y le dé el sueño que imaginó con usted.

Sueño...

En el lugar más hermoso del universo vivía un niño llamado Sueño, el cual anhelaba crecer y conocer otros mundos. Sueño se la pasaba por allá en lo alto, por las nubes, jugando y jugando todo el día. Una vez Sueño se dio cuenta de que no crecía como sus amigos, además empezó a sentirse muy débil y poco a poco perdió sus ganas de jugar.

Un gran día, Dios, desde el cielo, al ver a su amado hijo Sueño tan débil, envió un mensajero celestial en su ayuda. El mensajero llevaba consigo un maletín muy especial que contenía alimentos divinos para así fortalecer y hacer crecer a Sueño.

Desde el mismo instante en que aquel mensajero llegó, Sueño comenzó a sentirse mejor y mejor, ya que cada día aquel mensajero lo alimentaba con manjares celestiales. Entre ellos había muchos caldos de constancia con fuerza, platos muy nutritivos de voluntad y trabajo, postres hechos a partir de paciencia, fantásticos jugos hechos con decisión y lo más importante, lo trataban con mucha confianza y sobre todo con mucho amor de Dios.

Sueño creció y creció, y llegó a dejar de ser Sueño para convertirse en Meta, y claro que siguió jugando, pero ya no por las nubes, sino aquí en la tierra. Conoció otros mundos, mundos como la felicidad y la satisfacción, y un día no muy lejano, Meta dejó de ser Meta y se transformó en Realidad.

CAPÍTULO 3
Superando los obstáculos en la visión

«El hombre se descubre cuando se mide con un obstáculo»
—*Antoine de Saint-Exupery.*

«No se adelanta celebrando éxitos, sino superando fracasos» —*Orison S. Marden.*

«Y soñó José un sueño...» —Génesis 37:5.

Para los amantes de la lectura bíblica, José es una de esas personas que despierta una profunda y gran admiración. Su historia no es un relato más. De los cincuenta capítulos que posee el libro de Génesis, la vida de José abarca once, una quinta parte del libro está concentrada en el relato de su vida.

¿Quién era José? Él fue uno de los patriarcas de Israel, hijo undécimo de Jacob y su primero con Raquel, mujer a la que él amaba entrañablemente. Vivió hasta los diecisiete años dedicado a pastorear los rebaños de su padre. José trabajaba, compartía tiempo con su familia, comía, dormía, de vez en cuando reñía con sus hermanos, ya que era el preferido de su padre al ser el hijo de su amada Raquel, y habiéndole nacido durante su vejez.

Hasta aquí podemos pensar que José era un hombre semejante a los demás, sin embargo:

José era un hombre diferente... era un hombre con sueños

Algunas personas lo llamaban «el soñador». Él fue un hombre dispuesto a captar los sueños y creer en ellos. José amaba los sueños de Dios. En su juventud, cuando era tan solo un adolescente, Dios lo visitó y le entregó un sueño: Dios lo levantaría a un nivel de autoridad y reconocimiento por sobre los hombres y aún por encima de sus propios hermanos, motivo por el cual ellos comenzaron a enojarse y envidiarle. La situación se hizo tan tensa que sus propios hermanos primero desearon matarlo, pero luego decidieron perdonarle la vida y venderlo como esclavo a unos mercaderes madianitas. Cuando lo hacen, le arrancan a José una túnica que su padre le había regalado y la manchan con sangre, para mentirle a Jacob diciéndole que un animal le había dado muerte.

Allí comienza para José una serie de situaciones muy difíciles que él debe de enfrentar y superar.

Dios le entregó un gran sueño, pero el mismo no se cumplió inmediatamente, José aprendió a esperar. En ese lapso de tiempo su vida fue sacudida con golpes muy duros; pero a pesar de su difícil realidad, se sobrepuso a su desgracia.

José superó la adversidad creyendo en los sueños de Dios

No se permitió dudar de la promesa de Dios ni tampoco dejó que su corazón abrigara sentimientos de rencor y odio frente a la injusticia a la cual fue sometido. Usted puede leer en la Biblia cada uno de los detalles de las situaciones a las que fue expuesto, pero déjeme señalarle que de ser el alegre soñador y el mimado de su padre pasó a ser el olvidado por todos, un desconocido y desarraigado. Degradaron no solo sus sueños, sino su dignidad, pasó a ser un esclavo.

Pero a José, la visión y el sueño de Dios le otorgaron la energía y la fuerza suficiente para sobreponerse a los problemas y circunstancias adversas. La fuerza de la visión es la que permite llegar a la meta a pesar de los problemas que se interpongan en el camino. La visión abre caminos donde no los hay.

¿Ha sentido el impacto y la explosión de adrenalina que se desata en el cuerpo cuando se es impactado por un sueño? Si no lo ha experimentado, no sabe lo que se pierde, y permítame recordarle una vez más: *Dios soñó con usted*. No es uno más entre tantos otros, no es un duplicado ni un clon, es creación de Dios, es su original, y Dios tiene un propósito mucho más alto para su vida, Él quiere llevarlo a un lugar más alto. Henry Thoreau lo expresó de la siguiente forma: «Los hombres han nacido para triunfar, no para fracasar». ¿Por qué vivir aplastado por los problemas cuando Dios lo creó para ponerlo por encima de ellos? ¡Vamos, levante sus ojos de las circunstancias y fíjelos en el sueño!

Todo puede cambiar, pero el sueño que Dios tuvo con usted, nunca deja de ser

¿Fue visitado por grandes sueños? ¿Qué sucedió con ellos? ¿Están latentes, creciendo y desarrollándose? ¿O están bien olvidados y enterrados?

Si un día tuvo un sueño y hoy ya no lo posee, seguramente lo que sucedió es que su sueño murió ahogado en la gran cantidad de problemas que se le presentaron.

José tuvo un sueño y se apropió de él, creyó firmemente en el sueño de Dios, no renunció ni lo entregó en medio de la adversidad. A pesar de lo duro de su realidad se atrevió a conservar su visión y supo esperar pacientemente el momento de su cumplimiento. La experiencia que José tuvo con sus sueños fue tan fuerte que a pesar de todo los cambios operados a su alrededor, los sueños permanecieron intactos en su interior. En cada prueba el sueño se tornaba más real en su corazón. Debemos saber que todo puede modificarse pero lo que Dios le prometió nunca cambiará. ¡Adelante, no importa cuánto tiempo transcurrió desde el día que Dios le dio su sueño, todavía puede alcanzarlo!

Dios nunca abandona a sus soñadores

Desde el día que José tuvo su sueño hasta verlo hecho realidad no solo pasaron muchos años, sino que también se sucedieron numerosos acontecimientos.

El sueño despertó la envidia de sus hermanos y estos resolvieron venderlo como esclavo. Fue sirviente en la casa de Potifar, gobernador de Egipto. Allí la esposa de Potifar se enamoró de él y comenzó a seducirlo. Viendo que José no respondió a su pedido lo acusó de abuso frente a su esposo. Inmediatamente fue arrojado a la cárcel. Acto seguido, la Biblia destaca una verdad fundamental: *Dios estaba con José*. La justicia parecía haberlo abandonado, su familia, incluyendo también a su padre que nunca lo buscó, pero Dios nunca lo dejó. «*¿Se olvidará la mujer de lo que dio a luz para dejar de compadecerse del hijo de su vientre? Aunque olvide ella, yo nunca me olvidaré de ti*» (Isaías 49:15). Es que Dios *nunca* abandona a sus soñadores.

Luego de esto la vida de José dio un vuelco, mientras estaba en la cárcel interpretó dos sueños, ya que poseía el don de interpretación de sueños. Este antecedente le valió para luego descifrar un sueño de Faraón. En gratitud, y por la sabiduría demostrada en la explicación del sueño, José fue sacado de la cárcel para ser convertido el gobernador de Egipto. ¡Qué increíble!

Esta historia es apasionante, pero pensemos por un momento, ¿dónde comenzó todo? «*Y soñó José un sueño*». La visión es la puerta de ingreso a esta gran aventura.

Algunas personas piensan que el que sueña se está buscando dificultades, pero en realidad es el que deja de soñar el que está en graves problemas.

La vida sin sueños a veces parece ser más segura y cómoda. La vida del soñador parece estar envuelta en adversidades, en tempestades que hay que atravesar, sin embargo, la vida es algo más que sentarse a observar cómo van pasando los años sin ningún desafío por delante, algo que nos invite a jugarnos el todo por el todo. Si se atreve a soñar puede ser que esto implique el comienzo de algunas agitaciones y probablemente deba enfrentar algunos riesgos, pero si no lo hace tenga la seguridad de que perderá el sabor, el condimento de la existencia. La vida no marcha por no correr riesgos, sino por lanzarse a la aventura de conquistar su propio destino. Dios lo creó con un propósito.

Todos nacemos con la capacidad de soñar

En los primeros años de vida esto es muy usual, es común ver cómo los niños sueñan.

Dios me ha bendecido con tres maravillosos hijos varones. El mayor se llama Sebastián y tiene diecisiete años, luego le sigue Matías de quince y por último Dan con once. A pesar de que el tiempo transcurrió aún conservo recuerdos muy hermosos de cuando eran pequeños.

Si cierro mis ojos puedo verlos el día del parto, cuando nacieron, como estaban arrugados y colorados; recuerdo sus primeras palabras y lo tambaleante de sus primeros pasos. Mi esposa y yo a veces tergiversamos alguna palabra recordando la forma en que ellos la pronunciaban cuando eran chicos.

Pero recuerdo un hecho que por ese entonces me hizo reflexionar. Cierta vez uno de mis hijos estaba junto a mí jugando con un carrito, mientras yo me dedicaba a preparar el sermón del día domingo. Él estaba sumamente entretenido, se podría decir absorto en su mundo. Llevaba al auto de un sitio a otro con rapidez y lo hacía acompañando el andar con un fuerte sonido que imitaba el ruido de un motor encendido. De repente observé que el auto despegaba sus ruedas del piso y seguía su trayectoria por el aire. Bajo mi óptica de adulto quise corregirlo, lo miré y le dije:

—Hijo, los autos no vuelan.

A lo que él me respondió con mucha naturalidad:

—Papi, el mío sí.

Y continuó jugando tranquilamente.

Algo nos ocurre cuando crecemos, entramos al mundo de los adultos, y si las cosas no son razonables, entonces pensamos que no pueden ser ciertas. ¡Qué error! Ese día quise enseñarle a mi hijo, sin embargo, él me enseñó a mí.

Días atrás hablaba con uno de los líderes de mi iglesia y justamente la conversación era acerca de los sueños. Coincidíamos en pensar que a la persona que sueña muchas veces se le dice que tiene la cabeza en las nubes, en algo completamente irreal. Por tal motivo lo más común es exhortarla a que baje a la realidad y coloque sus pies «sobre la tierra». ¿No será que esto nos vuelve seres completamente dirigidos por lo que vemos y palpamos? Si es así, los sueños quedan excluidos, ya que no pertenecen a esa categoría.

Los sueños deben superar los obstáculos.

Todo sueño es maravilloso, pero no viene libre de problemas. Para alcanzar el sueño, para lograr su materialización, habrá que sortear las dificultades.

Existen muchos obstáculos para enumerar pero aquí nos concentraremos en los siguientes:

La incredulidad

El primer y mayor problema a resolver es la falta de fe del propio soñador, él es el primero que debe creer en el sueño.

El mayor enemigo no está fuera del hombre sino en su interior, hay que vencerse a uno mismo. Vencer los propios temores e inseguridades, vencer el qué dirán los que me rodean, vencer los propios complejos.

Con mucha facilidad se piensa y actúa de una manera destructiva, y se dice:

No puedo. Este es el argumento más fuerte de todos. Si usted piensa que no puede, difícilmente lo logrará; pero si piensa que puede, seguramente tendrá muchas más probabilidades de poder lograrlo. Henry Ford lo expresó de la siguiente manera: «Sea que pienses que puedes o que no puedes, estarás en lo cierto».

Nunca caiga en el error de sabotearse a sí mismo, no haga causa común contra usted mismo. Una persona dividida no podrá conquistar nada en la vida. Si su corazón palpita con un sueño, pero su mente continuamente rechaza la idea, sus energías están esparcidas, y para alcanzar el sueño usted debe mantenerse unido. El evangelio nos enseña que una casa dividida contra sí misma es derribada con facilidad.

Veo con preocupación cómo un mal se cierne sobre la humanidad, esta enfermedad se llama «desconfianza». No es la desconfianza en los demás, sino en uno mismo. Cuando sufrimos esta enfermedad creemos que Dios lo puede hacer, pero no estamos seguros de que lo pueda hacer con uno. La gente que padece esta enfermedad vive aprisionada, esto genera un gran malestar y una sensación extraña de adecuación. Se sufren síntomas de temor, de parálisis, son los típicos estudiantes que aprendieron toda la lección, pero en el momento que deben hacer su exposición se desmoronan, quedan anulados, lo aprendido se esfuma por arte de magia. De alguna forma todos hemos experimentado algo parecido frente a situaciones nuevas o de exposición, pero estas personas nunca pueden sobreponerse a ellas.

Otra cosa que solemos decir es:

No sé. Limitamos nuestra acción pensando que somos inexpertos para la tarea asignada. No nos damos cuenta de que Dios nos ha entregado todas las facultades y que solo debemos desarrollarlas. En la medida que las circunstancias lo demanden de su interior saldrán las ideas y las estrategias adecuadas para alcanzar su objetivo. Dios ya las instaló en su mente y espíritu.

El gran error que también cometemos es pensar:

No tengo. Fallamos considerablemente al pensar de esta forma. Por lo general se cree que los recursos son antes que la visión, y esto no es así. Si una persona tiene recursos pero no sabe hacia donde se dirige, desperdiciará su vida; pero cuando un individuo posee una visión, los recursos vendrán hacia él, la visión atrae los recursos. Yo lo he experimentado a lo largo de mi ministerio, desde que comencé la iglesia, vez tras vez Dios nos desafió con nuevos proyectos, desde salidas diarias de programas en la radio y la televisión abierta, la apertura de un centro de rehabilitación para personas adictas a las drogas, la inauguración de un edificio destinado a la asistencia social; así como también la compra de nuevos edificios y ampliaciones del templo, siempre estamos extendiéndonos hacia algún lugar. Si me pregunta cómo lo hicimos, puedo responderle que cada vez que comenzamos con lo único que contábamos era con «el sueño». No había recursos económicos fuertes, sin embargo, luego de lanzarnos a trabajar, los recursos llegaron.

Dios me indicó que la función del líder es llevar a la congregación a los desafíos de Dios, entusiasmarlos, comprometerlos, y la responsabilidad de Dios es bendecir a su pueblo para que este sostenga la visión. *Los sueños son antes que las cosas*.

Siempre que haya visión, la oportunidad llegará. Uno de mis hijos posee un raro don, vez tras vez es común que encuentre dinero. Al principio mi esposa y yo pensamos que esto era producto de la casualidad, pero luego nos inquietamos ante las sucesivas repeticiones, y nos preguntamos si esto sería cierto o algo extraño estaba ocurriendo. Inmediatamente, ante el alerta, comenzamos a observarlo y descubrimos algo muy particular, mientras él camina tiene la costumbre de observar el piso y esto le permite toparse con los «hallazgos». La disposición para ver lo lleva a descubrir la oportunidad. ¡Junto con el sueño, Dios pone a su alcance todas las riquezas de su gloria! Aquel que lo llamó puso en su interior todos los recursos necesarios para que pueda cumplir la obra del ministerio. ¡Sí créalo! Dios lo llamó para algo más que salvar y transformar su vida. No está destinando a pasar el resto de su vida sentado en la banca de la iglesia deleitándose en los sermones y en las alabanzas. La vida cristiana es mucho más desafiante que eso. Levántese para cumplir el propósito de Dios para usted. Él quiere mostrar a través de su vida su poder. Fuera de nuestros hermosos templos hay mucha gente que camina desilusionada, sin esperanza, sin salvación y la Palabra nos reclama: «*¿Cómo, pues, invocarán a aquel en el cual no han creído? ¿Y cómo creerán en aquel de quién no han oído? ¿Y cómo oirán sin haber quién les predique?*» (Romanos 10:14).

Dios tuvo el más maravilloso de todos los sueños con usted, lo llamó para que sea su hijo y para que comunique el mensaje de salvación. Créale a Dios. ¡Él quiere usarlo!

En la vida se puede notar cómo se derrocha gran cantidad de recursos naturales, pero podemos ver el más grande desperdicio de todos en la gran cantidad de cristianos que nunca se esfuerzan en desarrollar todo su potencial.

Crea el sueño de Dios y entréguese al mismo con soltura. No camine su camino de forma vacilante, con dudas, entréguese de lleno. No lo haga tampoco con reservas, esto es similar a una entrega a medias, y así no llegará muy lejos. Eche su sueño y su corazón por delante sin mirar atrás, un día de estos se sorprenderá.

El paso del tiempo

El transcurso del tiempo puede ser un gran aliado o un poderoso enemigo, depende de las circunstancias que lo rodean. Por ejemplo, cuando se está recuperando de una enfermedad el paso de los días suele ser visto de forma muy positiva. Cada día que transcurre, las aflicciones y malestares del cuerpo se van transformando en marcadas mejorías, entonces el arribo de cada día es aguardado con expectativa; pero si el paso del tiempo solo indica un mayor alejamiento de lo que estamos deseando, entonces puede resultar no solo frustrante, sino demoledor.

Cada soñador se enfrenta a esta prueba, y dependerá de la madurez de cada uno la respuesta a dicho periodo. Puede ser que los días se conviertan en meses y los meses en años. En el caso de José, transcurrieron más de veinte años para ver su sueño hecho realidad, cada año parecía alejarlo de su meta. Sin embargo, un día llegó.

Es sabido que la materialización del sueño no se logra de forma rápida, se tiene que atravesar por largos periodos de espera. Esto tiende a desgastar la esperanza, la prolongación del tiempo sin ver los resultados anhelados derriba hasta al más fuerte. El tiempo erosiona la pasión de los primeros momentos.

En esa etapa se corre el riesgo de «abortar el sueño». Así como un día el sueño se gestó en el corazón del hombre, otro día puede abortarse.

Plante su sueño y espere. Una buena cosecha requiere una buena semilla, buen abono y riego constante. También es obvio que quien cultiva la tierra se impacienta frente a la semilla sembrada y grita con todas sus fuerzas: «¡Crece, crece y crece ahora mismo!» Leí acerca de un árbol llamado bambú que crece en Japón. Algo muy curioso sucede con él, de manera que lo transforma en no apto para impacientes, ya que el que siembra la semilla, la abona y se ocupa de regarla constantemente, durante los primeros meses no percibe nada apreciable. En realidad durante los primeros siete años la semilla no crece, a tal punto que un cultivador inexperto estaría convencido de haber comprado semillas infértiles. Sin embargo, durante el séptimo año, en un periodo de solo seis semanas, la planta de bambú crece más de treinta metros, a razón de un metro por día. ¿Tardó solo seis semanas en crecer? No. La verdad es que se tomó siete años y seis semanas para desarrollarse. Durante los primeros siete años de aparente inactividad, este bambú estaba generando un complejo sistema de raíces que le permitirían sostener el crecimiento que tendría después de siete años. Sin embargo, con nuestros sueños tratamos de encontrar soluciones rápidas, sin entender que la realización de los mismo es simplemente el resultado del crecimiento interno y que de forma inexorable requiere tiempo. Quizás por la misma impaciencia, cuando aspiramos a resultados a corto plazo, abandonamos súbitamente, justo cuando ya estábamos a punto de conquistar la meta. Es tarea difícil convencer al impaciente demostrándole que solo llegan al éxito aquellos que luchan de forma perseverante y saben esperar el momento adecuado. De igual manera es necesario entender que en muchas ocasiones estaremos frente a situaciones en las que creeremos que nada está sucediendo. Y esto puede ser extremadamente frustrante. En esos momentos recordemos que a muchas personas les pasa lo que a nosotros y neguémonos a bajar los brazos, a abandonar por no «ver» el resultado que esperamos, si nos hemos animado a soñar hay un proceso de preparación en nuestro interior que nos está haciendo madurar y crecer por dentro para el maravilloso día en que el sueño se haga realidad. El triunfo no es más que un proceso que lleva tiempo y dedicación. Un proceso que exige cambios, acción y formidables dotes de paciencia.

Falta de integridad

Lo único que puede alejarnos del sueño es el pecado, porque cuando fallamos nos salimos del plan de Dios y de esta forma caminamos lejos de Dios. Sin su presencia en nuestra vida se acaban los sueños.

El soñador será visitado por la tentación, no podemos evitar que la misma golpee nuestros pensamientos, pero sí podemos elegir la manera de responder a ella. Si recordamos la vida de José veremos que él tuvo que superar la prueba de la tentación. Cuando se encontraba trabajando como sirviente en la casa del gobernador de Egipto, la esposa de este comenzó a perseguirlo y acosarlo para que durmiera con ella. La respuesta de José fue muy contundente: huyó. Ni siquiera se detuvo a dar explicaciones, se fue. Hay momentos donde la misma circunstancia nos obliga a tomar decisiones, no es tiempo de hablar si no de actuar.

Dios no nos pide perfección pero sí requiere integridad, la calidad de ser uno y no tener falsedades; ser uno tanto en la casa, en el trabajo, en el vecindario, en alguna fiesta con amigos, en la iglesia, ser el mismo en todos lados.

La integridad se relaciona con lo que somos realmente, la imagen solo habla de lo externo.

En cierta ocasión se encontraba sentado en su oficina un abogado el cual estaba aguardando su primer cliente. Al escuchar que la puerta se abrió, rápidamente levantó el teléfono y trató de demostrar que estaba muy ocupado.

El visitante pudo escuchar al joven abogado decir: «Martín, volaré a Mar del Plata por el tema de los hermanos Andrada, parece que esto va a ser algo grande. También necesitamos traer a Marcelo desde Córdoba sobre el caso González... Bueno Martín, debes perdonarme, alguien acaba de llegar». Y cortó. Dirigiéndose al hombre que acababa de entrar, el abogado dijo: «Bien, ¿en qué puedo ayudarle?»; con una gran sonrisa el hombre contestó: «Estoy aquí solo para instalarle su teléfono».

El rey Salomón expresó: «El que camina en integridad anda confiado, más el que pervierte sus caminos será quebrantado» La integridad es condición necesaria para vivir una vida sin sobresaltos.

Podemos engañar a muchas personas con nuestras máscaras, pero siempre habrá alguien que sabrá quienes somos en realidad. Dios todo lo ve. Es importante entender que la imagen es lo que las personas piensan que somos, pero la integridad es quienes somos realmente. ¿Imagen o integridad?

Piedras del camino

Los obstáculos en la visión pueden hundirnos o elevarnos. El mayor deterioro de la capacidad de soñar es producido por la irrupción reiterada de problemas a resolver. Los problemas tienden a desgastar y privar la ilusión de soñar. Van socavando las iniciativas y las acciones de tal forma, que al transcurrir el tiempo dejan a la persona en un estado de «parálisis soñadora».

Las contrariedades ahogan los sueños y paulatinamente se pierde la capacidad de soñar. Siempre resulta más fácil entregarse que continuar luchando por lo que se quiere. Al decir esto sé lo que usted estará pensando: «Es que este pastor no tiene la menor idea de la gravedad de los problemas que yo tuve que enfrentar». Permítame decirle que como consejero escucho numerosas historias de la vida real que superan ampliamente a las volcadas por los grandes novelistas, la realidad sobrepasa ampliamente a la ficción. Pasan los años y nunca dejo de sorprenderme. Pero tales circunstancias me permiten observar la respuesta del ser humano. Mientras algunos se hunden en el pesimismo y en la conmiseración, otros se ponen en pie por sobre las dificultades y se hacen a sí mismos más duros que el problema, es decir, *no se rinden*. El problema no es el problema, sino cómo respondemos al mismo. ¡Sea más fuerte que la adversidad! Si sabe esperar prevalecerá. Un dicho popular dice: «No hay mal que dure cien años». Así es que no se detenga a tener lástima de sí mismo, siga adelante.

El sueño frustrado es uno de los principales motivos de la depresión. Cada vez más la sociedad padece los daños colaterales de esta terrible enfermedad. Hay enfermedades que atacan el cuerpo, pero esta ataca el alma. Un alma enferma difícilmente puede ver el futuro con ilusión. La depresión quiebra la esperanza, anula la motivación.

Por algo será que el Salmo 126:1 dice: «*Cuando Jehová hiciere volver la cautividad de Sión, seremos como los que sueñan*». Cuando la mente es atada y aprisionada con pensamientos de angustia y frustración los sueños quedan paralizados, pero cuando permitimos que Dios nos liberte, la consecuencia es que la capacidad de soñar es restaurada. Ese es el poder transformador del evangelio. Una persona llega al Señor habiéndolo perdido todo, dinero, salud, familia, proyectos, pero cuando el Espíritu Santo de Dios llega al corazón de ese hombre o de esa mujer, es libertado de la esclavitud y la esperanza nace nuevamente. Por tal motivo la persona es cambiada y sienta la expectativa de saber que no todo está perdido, y posee la fuerza para superarse.

Seamos valientes y decididos. La raza humana está llena de gente que nos ha impactado por su osadía. La tarea no era nada fácil y el camino era sinuoso, sin embargo, trabajaron, trabajaron y trabajaron. En algunos momentos se cayeron, pero volvieron a ponerse en pie para seguir luchando. Aprendieron el arte de sobreponerse a las dificultades y con mucha tenacidad lograron su cometido.

¿Podrá ser que ese tipo de personas se haya extinguido? A veces nos volvemos seres superficiales que nos negamos a hacernos cargo de nuestra propia realidad, ante el menor problema buscamos a quién echarle la culpa y corremos de un lado al otro gritando nuestra desgracia y esperando que alguien se apiade y resuelva lo que tan solamente usted puede resolver. Buscar afuera no soluciona nada, una mirada retrospectiva nos indicará el grado de responsabilidad propia.

¿Dónde están los José de hoy en día, o los Moisés, o las Ester, o los Pedro y Pablo de la actualidad? Gente que se animó a correr los límites y a no renunciar a sus sueños. Ellos nos entregaron el legado de la tenacidad y la persistencia, nos enseñaron que debemos continuar a pesar de que la tarea parezca imposible.

Cuando Dios creó al hombre, dice la Biblia que sopló dentro de él hálito de vida, y junto con ese soplo Dios colocó en su interior aliento de grandeza, distinto a cualquier otra cosa que haya creado. Él lo hizo diferente, puso su inconfundible sello en su corazón, y aunque por momentos pueda sentirse débil y hasta derrotado, recuerde el elemento que encierra en su interior: Dios le otorgó el título de ser su hijo. ¡Usted es un campeón, es invencible, Dios lo creó superior! Las adversidades no podrán sepultarlo porque Dios le concedió la capacidad para enfrentarlas y además porque cada vez que lo necesite el Espíritu Santo vendrá a socorrerlo.

Una mañana soleada, el burro de un campesino se cayó en un pozo. El animal lloró fuertemente por horas, mientras el campesino trataba de buscar algo que hacer. Finalmente, el campesino decidió que el burro ya estaba viejo y que el pozo ya estaba seco y necesitaba ser tapado de todas formas, así que realmente no valía la pena sacar al burro del pozo.

Invitó a todos sus vecinos para que vinieran a ayudarle. Cada uno tomó una pala y empezaron a echarle tierra al pozo. El burro se dio cuenta de lo que estaba pasando y lloró horriblemente. Luego, para sorpresa de todos, se aquietó después de unas cuantas paladas de tierra.

El campesino finalmente miró al fondo del pozo y se sorprendió de lo que vio... con cada palada de tierra, el burro estaba haciendo algo increíble: se sacudía la tierra y daba un paso encima de esta. Muy pronto todo el mundo vio sorprendido como el burro llegó hasta la boca del pozo, pasó por encima del borde y salió trotando.

Si usted es una persona con sueños le van a tirar tierra, todo tipo de tierra... el truco para salir del pozo es sacudírsela y usarla para dar un paso hacia arriba. Cada uno de nuestros obstáculos son un escalón hacia arriba. Podemos salir de los más profundos huecos si no nos damos por vencidos. ¡Use la tierra que le echan encima para salir adelante y alcanzar su sueño!

CAPÍTULO 4

La fe en Dios mueve su sueño

«Solo es capaz de realizar sus sueños el que, cuando llega la hora, sabe estar bien despierto» —León Daudí.

«Es pues la fe, la certeza de lo que se espera, la convicción de lo que no se ve» —Hebreos 11:1.

«Respondiendo Jesús, les dijo: Tened fe en Dios. Porque de cierto os digo que cualquiera que dijere a este monte: Quítate y échate en el mar, y no dudare en su corazón, sino creyere que será hecho lo que dice, lo que diga le será hecho ... Si pidiereis orando, creed que lo recibiréis, y os vendrá» —Marcos 11:22-24.

El ser humano no puede vivir sin fe. La fe es el elemento esencial en la vida del hombre. Por medio de ella realizamos las hazañas más extraordinarias, desde alcanzar el sueño de nuestra vida hasta lograr realizar las cosas más sencillas, como sentarnos en una silla, ya que sin darnos cuenta creemos que la silla nos va a sostener.

Sin embargo, por más que lo intentemos no podemos modificar muchas cosas que suceden alrededor de nosotros. No podemos elegir el día de nuestro nacimiento, el color de la piel, ni siquiera nuestra familia, como así tampoco podemos decidir si mañana será un día de sol o estará nublado. Estas son cosas que están fuera de nuestro alcance, pero sí podemos decidirnos a desarrollar la fe que está dentro de nosotros.

Recuerdo con cuánto entusiasmo trabajamos para fundar la iglesia «Catedral de la fe», la cual pastoreo. Durante meses había trabajado de tal manera que el día de comienzo todo estuviera en orden. Íbamos a iniciar una serie de reuniones al aire libre en un punto estratégico de la ciudad, ya que allí pasaban miles de personas al día. Alquilamos un cuarto cerca para guardar todo el equipo y las sillas utilizadas para el evento. Además contaba con el apoyo del pastor y de la iglesia donde conocí al Señor. Alejandra, que por ese tiempo era mi novia y estaba estudiando al igual que yo en el Seminario Bíblico, salía conmigo cada fin de semana a predicar en distintas iglesias, comentando nuestro proyecto y animando a apoyarnos en oración. Aparentemente todo estaba previsto, pero para sorpresa nuestra, el día de la inauguración amaneció con un cielo totalmente cubierto, y a medida que las horas transcurrían la lluvia no se hizo esperar. Entonces llegó la pregunta: «¿Qué hacer?». No podíamos modificar las circunstancias, pero sí podíamos poner en marcha la fe que habíamos alimentado, por lo tanto la pregunta fue modificada y dijimos: «¿Qué tenemos?». La respuesta fue: «El deseo y la determinación de comenzar». Y así lo hicimos. Si usted espera a tener todo lo que necesita para comenzar su sueño, nunca lo hará. No se preocupe por lo que no tiene, sino por saber invertir correctamente lo que tiene.

El resultado de la fe trajo ese mismo día el anticipo de las miles de conversiones que luego Dios añadiría a nuestra iglesia.

Todos tenemos una medida de fe. Es como una semilla que está dentro del ser humano. No se trata de descifrar cuánta fe tiene, sino qué se hace con ella. Hay que alimentarla y comprometerse a desarrollarla.

¿Por qué es importante combinar nuestro sueño y nuestra fe?

Porque desde la Creación Dios nos lo mostró. Por la fe Dios creó todo lo que vemos, por la fe Dios creó al universo.

La fe es el agente movilizador, es el motor en el interior.

La fe mueve todas las cosas

¿Qué cosas mueve la fe?

1. La fe mueve el mundo natural

Para comenzar cualquier proyecto, no importa lo diferente que uno sea de otro, se necesita de la fe. Generalmente es común escuchar: «Es importante que tengas fe». Es que la fe es sumamente imprescindible para superar las adversidades y los imposibles que se presenten.

El mundo está cargado de energías negativas que se oponen a toda fuerza positiva. Es una lucha entre una y otra. Toda persona que se proponga hacer algo positivo recibirá oposición. El camino hacia el éxito no es siempre recto:

Hay una curva llamada **Falla,**

un periférico llamado **Confusión,**

hay topes llamados **Amigos,**

luces de precaución llamadas **Familia,**

y tendrás abolladuras llamadas **Trabajos.**

Pero... si tienes la reparación llamada **Determinación,**

Un motor llamado **Perseverancia,**

Un seguro llamado **Fe,**

Y un piloto llamado **Dios,**

¡Llegarás a un sitio llamado **Éxito**!

La persona que cree siempre puede hacer algo. La fe es la que empuja las imposibilidades, la fe es la que mueve las energías más ocultas en el hombre. Así lo descubrió el General José de San Martín, prócer destacado de la historia Argentina. Él tuvo a su cargo una de las hazañas más grandes que un hombre pueda realizar, la formación de un ejército y la preparación del mismo para cruzar la Cordillera de Los Andes (límite hoy entre los países de Argentina y Chile) y así poder pasar a libertar a Chile del dominio español bajo el que se encontraban esas tierras por aquellos años.

La mayor dificultad no estaba centrada en la guerra misma, sino en lograr atravesar semejante mole de tierra. Esta cordillera se extiende desde el Cabo de Hornos hasta el Mar de las Antillas, bordeando la costa del Pacífico. Constituye el sistema montañoso más largo del mundo, con unos ocho mil quinientos kilómetros de longitud y una altura media de cuatro mil quinientos metros. Posee los picos más elevados del mundo, entre ellos se puede destacar por ejemplo el Aconcagua (seis mil novecientos cincuenta y nueve metros).

Dadas las grandes diferencias en latitud y altura, ofrece fuertes contrastes de clima y paisaje. En la zona que el ejército de San Martín tuvo que pasar, las crestas de las montañas están cubiertas de nieve con grandes glaciares.

El ejército denominado de los Andes comenzó este gran desafío y sueño con tan solo ciento ochenta hombres, con mucho esfuerzo más tarde se logró contar con un total de cinco mil hombres, número inferior al ejército realista con el que se proponía luchar. No se había visto otra milicia como esta en América, tan completa por su disciplina y dotación. Todo ese reclutamiento era fruto del sueño del general.

Por esos momentos el gobierno de Buenos Aires se debatía en la miseria. Escaseaban las armas y municiones, porque también había que atender a la guerra en la Banda Oriental, actual Uruguay, contra españoles y portugueses. No había manera de responder con tantos gastos.

Note la envergadura de tal expedición. Un humilde ejército, con escasos recursos, contando solo con sus caballos y mulas, debían escalar altas montañas y lograr cruzarlas, para luego recién librar la batalla. Nadie había realizado algo semejante. Hoy en día los adelantos de la humanidad nos permiten realizar el mismo recorrido en nuestros cómodos y rápidos aviones, sin embargo, al ver desde la altura semejante cordillera, sinceramente uno queda impresionado y toma mayor conciencia de la magnitud de tal desafío.

Una sola preocupación no dejaba dormir a San Martín, y no era precisamente la oposición que podían darle sus enemigos, sino el atravesar esas grandes cumbres nevadas. Los Andes lo esperaban para la victoria o para la derrota.

Las dificultades que tuvieron que vencer para el paso de la cordillera solo pueden ser calculadas por el que la haya franqueado. Tuvieron que enfrentar desde lo duro y largo del camino, hasta las más fuertes inclemencias climáticas, recordando además el escaso equipamiento con el que contaban y sobrellevando un general visionario, pero enfermo.

A pesar de todas las dificultades, San Martín no desmayó y prosiguió hacia Chile. Por diferentes grietas de Los Andes, el ejército fue subiendo la cordillera. Cuando llegaron, el general estaba enfermo de sus viejos achaques y con fiebre. Sin embargo se dispuso a la batalla con tenacidad e inteligencia, y la victoria no tardó en llegar. Al ejército de Los Andes le queda el honor y el reconocimiento de en solo veinticuatro días haber cruzado la cordillera más elevada del mundo y conquistado su sueño, dándole la libertad a Argentina, Chile y Perú.

¿Cómo pudo realizarse tal proeza? La combinación de un sueño con la fe lo hizo realidad. La fe mueve el mundo natural.

Cuando los ingenieros quisieron unir los extremos de la Bahía de San Francisco llamada «Golden Gate» con un puente, les dijeron: «Están locos, ni siquiera lo intenten, esto es *imposible*». El verdadero padre de este proyecto fue el ingeniero Joseph Strauss, el cual tuvo que hacerle frente a numerosísimos obstáculos, desde las oposiciones de los diferentes ámbitos de la sociedad (políticos, económicos, ingenieros rivales, geólogos, etc.) hasta los propiamente relativos a cuestiones de ingeniería.

El puente sobre el Golden Gate iba a ser el más largo, con los basamentos bajo el agua más grandes, las torres de suspensión más altas y los más largos y gruesos cables de sujeción que se hubieran construido jamás.

Todas estas cuestiones no constituían una elección libre; las condiciones hidrofísicas del canal Golden Gate hacían necesarias estas dimensiones: una hazaña, un hito en la ingeniería sin precedentes y, además, el único proyecto de esta envergadura a nivel económico realizado en Estados Unidos sin ayuda estatal ni federal. Como si esto fuera poco el proyecto se presentó y el puente se construyó en los años de la plena Depresión.

Algunos datos específicos nos ayudan a entender un poco más la dimensión del proyecto: «El puente posee una longitud de 1.350 metros, la altura de las torres es de 256 metros, la altura sobre el agua es de casi 71 metros en el centro del puente, además esa altura puede variar en más de cinco metros, ya que con el calor, los cables se dilatan y el puente baja. El cemento requerido para los pilares y anclajes del puente habría sido suficiente para construir una carretera desde la ciudad de Nueva York hasta San Francisco. Fueron necesarias 83.000 toneladas de acero estructural y 245.000 toneladas de cable. La velocidad del viento en la zona varía entre los 30 y los 100 kilómetros por hora. Y además por aquel entonces se consideraba sumamente excesivos los seis carriles de circulación».

Pese a todo, el puente fue construido y solo les tomó cuatro meses y medio más de lo planeado, su inauguración oficial fue el 27 de Mayo de 1937. Actualmente transitan diariamente alrededor de 100.000 autos y yo he podido cruzarlo en automóvil. Algunos dijeron que era imposible, pero otros se animaron a creer y trabajar, y allí está el resultado. Han pasado los años y el Golden Gate se mantiene en pie. Alguien dijo se puede y se materializó.

Otra gran controversia se desató el 25 de mayo de 1961, cuando el presidente John Kennedy habló de enviar un hombre a la Luna. Con mucha osadía lanzó el desafío, ese sería el sueño.

¿Qué pudieron haber dicho?, lo mismo de siempre, que era imposible. Harry Emerson Fosdick dijo: «El mundo se mueve tan rápido en estos días que el hombre que dice: "Esto no es posible", suele ser por lo general interrumpido por alguien que lo hace».

La idea más predominante por aquel entonces era la imposibilidad de desafiar la fuerza de la gravedad de la Tierra. Los periódicos exponían en primera plana: «Fracasarán en el intento».

Tres programas se lanzaron a trabajar en el proyecto: Mercuri, Géminis y Apolo. El 27 de enero de 1967 fue un día fatal, tres astronautas mueren quemados al incendiarse la nave al intentar despegar. Era un momento crucial, el momento oportuno para abandonar la locura. Sin embargo, el 20 de julio de 1964, Neil Amstrong ponía su pie en la luna llevado por el Apolo 11.

La fe puesta en lo natural supera los obstáculos.

La fe puesta en lo natural supera las adversidades.

La pregunta que cabe frente a esto es: «¿Qué será poner la fe en Dios? ¿Qué cosas nunca antes soñadas ni imaginadas podrá realizar la persona que se atreva a apoyarse ya no en la razón sino en Dios?».

Si la fe en lo natural hizo escalar montañas inalcanzables,

Si la fe en lo natural hizo construir puentes,

Si la fe en lo natural hizo llegar al hombre a la luna,

¿Por qué la *fe* en Dios no operará *milagros*?

2. La fe en Dios mueve al mundo sobrenatural.

Sin lugar a duda estamos en condiciones de afirmar que si la fe natural del hombre mueve al mundo natural, la fe en Dios mueve al mundo de lo sobrenatural.

¿Cuál es el sueño que Dios le entregó? Ponga su fe en Dios y millones de posibilidades correrán a su encuentro.

La Biblia nos expresa el deseo de Dios, y este deseo es *bendecirlo*. Él anhela tener un encuentro con usted para bendecirlo. El salmista dice: «*Le has concedido el deseo de su corazón, y no le negaste la petición de sus labios. Porque le has salido al encuentro con bendiciones de bien; corona de oro fino has puesto sobre su cabeza»* (Salmo 21:2-3). Cuando Dios ve nuestra fe, torna aún las maldiciones que nos profieren, y las cuales pretenden convertirse en profecías para nuestra vida, en bendición. Así lo hizo con Israel. *«Mas no quiso Jehová tu Dios oír a Balaam; y Jehová tu Dios te convirtió la maldición en bendición, porque Jehová tu Dios te amaba»* (Deuteronomio 23:5). Nunca antes me había detenido en esta palabra, pero cuando lo hice quedé sorprendido.

Dios quiere bendecirlo, traer bien y no mal todos los días de su vida, y él operará en su vida de manera tal que aún lo torcido sea enderezado para que nadie le robe sus promesas. Dios le proveerá de socorro cada vez que lo necesite. Él será su provisión. ¡Qué maravilloso!

El líder es la medida del pueblo

Si usted está ejerciendo el liderazgo de su iglesia o es pastor déjeme decirle que nunca su iglesia llegará a ser más grande que su visión.

Personalmente me agrada pescar, y las veces que se me presenta la oportunidad lo hago. Cierto día, un pescador se encontraba un poco decepcionado ya que había estado toda la noche tirando su línea y ningún pez picó. No hay nada más frustrante que esto para el que le agrada pescar. De pronto, otro pescador se acercó al lugar, saludó amablemente y arrojó su línea. Para sorpresa del primero, a los pocos minutos el recién llegado sintió picar e inmediatamente sacó un hermoso pez. Lo extraño fue que luego de recogerlo sacó una cinta de medir, la extendió sobre el pez y luego lo tiró al agua. A los quince minutos volvió a repetirse el episodio, un nuevo pique y este hombre que procede de la misma manera: recoge al pez, lo mide, y aunque este era visiblemente más grande que el primero, lo arroja al agua. El protagonista de esta historia comenzó a sentirse molesto. Él había estado toda la noche y nada había sucedido y este otro hombre aparece de la nada y en treinta minutos ya había atrapado dos peces. Pasaron algunos minutos más y nuevamente el extraño pescador vuelve a tener un tercer pique, y al retirar su pieza, comprueba que este pez era considerablemente mucho más grande que todos los anteriores. Nuestro amigo pensó que seguramente se quedaría con el ejemplar, pero otra vez, luego de medirlo, lo lanzó al agua. ¡Esto ya era insoportable! Pero antes de que pudiera reaccionar, el pescador tuvo su cuarto pique, sacó el pez, lo midió y este era el más grande de los cuatro, desde lejos se podía observar que su longitud era como de un metro, pero nuevamente lo tiró al agua. Para esta altura el primer pescador no solo estaba desconcertado sino furioso, tomó sus cañas de pescar, las partió y las echó al agua. Acto seguido fue a hablar con el recién llegado para averiguar qué era lo que estaba sucediendo. Un poco exaltado comenzó a exponerle lo que había visto. Dijo:

—Mire, realmente yo no entiendo nada. Estuve toda la noche aquí y no logré tener un mísero pique. Usted llegó hace apenas una hora y tuvo cuatro piques, cada pez que fue sacando iba aumentando de tamaño hasta llegar a este último que realmente era sorprendente, pero midió a cada uno de ellos y luego los tiró al agua. ¿Me puede explicar qué es lo que pasa?

A lo que el hombre sencillamente respondió:

—Lo que sucede es que mi sartén mide diez centímetros.

¿Qué tamaño tiene su sartén? ¿No será que está desperdiciando las oportunidades porque su fe fue disminuyendo? ¿Cuál es su medida de fe? No achique su capacidad de soñar, ni la acorte. Deje que la fe en Dios movilice el mundo sobrenatural

¿Cómo hacerlo?

Ponga su fe en Dios. La fe puesta en Dios moverá su sueño. La acción de sacar sus ojos de las imposibilidades y fijarlos en Aquel que dijo: «Todo es posible para el que cree», hará que logre lo que se proponga. La fe permite romper con nuestras autolimitaciones. Gran parte de nuestras limitaciones no existen más que en nuestro pensamiento.

Una historia árabe cuenta que un rico mercader salió a vender mercancías en compañía de sus servidores con una caravana de doce camellos. De noche pasaron por un oasis para dormir, llegó su asistente y le dijo:

—Señor, tenemos un problema, ya hemos amarrado once camellos pero olvidamos traer una de las estacas y no sabemos qué hacer con el camello que nos falta.

—Muy sencillo —dijo el mercader— simula delante del animal que clavas la estaca y lo amarras a ella. El camello, que es torpe, creerá que está sujeto y se quedará quieto.

Los servidores hicieron lo que dijo su señor y se fueron a dormir. Al amanecer vieron que todos los camellos estaban en su lugar. Fue de nuevo el asistente y le dijo al comerciante que tenía los camellos listos para partir, pero que no podía poner en camino al camello número doce.

El señor le dijo que simulara desatarlo porque creía que estaba amarrado. Así se hizo y la caravana pudo proseguir su camino.

¿Cuántos lazos mentales nos frenan? Si piensa que está vencido, ya lo está. La fe en Dios romperá con toda limitación que detenga su sueño.

La fe le hará creer con el corazón y no con la razón

La fe va más allá de la lógica, la fe se atreve a transgredir los imposibles. La razón se relaciona con la materia por medio de los sentidos.

El hombre entra en contacto con el mundo que lo circunda a través de los cinco sentidos. La vista nos permite observar lo que está alrededor de nosotros, por el tacto percibimos la textura de las cosas, como así también recibimos el afecto de quienes nos aman. Por el oído apreciamos los diferentes sonidos, por el olfato diferenciamos las distintas fragancias y por el gusto saboreamos los más ricos sabores. Pero debemos señalar que el corazón se relaciona con Dios por la fe. Bien lo expresó el filósofo Pascal: «El corazón tiene razones que la razón no conoce».

Por la fe accedemos al mundo espiritual.

Recuerdo el día que hice mi primera oración. Mi fe me decía que Dios estaba allí, pero mi razón me llevaba a abrir mis ojos, y al no ver a nadie, pensar si quizás no me estaba volviendo loco. Sin embargo prevaleció la fe por sobre la razón. Mi corazón me decía que sí, que Dios estaba allí, y yo le creí.

Por la fe accedemos a cada promesa de la Biblia, nos acercamos no solo al corazón de Dios sino captamos sus sueños para con nosotros.

Para cada experiencia espiritual la puerta de ingreso es la fe.

La fe en Dios hace posible lo imposible.

En el evangelio según San Lucas capítulo 1 verso 37, el ángel se le apareció a la virgen María y ella queda sorprendida ante el anuncio de su alumbramiento, ya que hasta allí ella no había conocido varón, pero el ángel le dijo: «Nada hay imposible para Dios».

Cuando lo posible llega a su límite comienza la posibilidad de Dios. Hace un tiempo atrás durante uno de los tres servicios que desarrolla nuestra iglesia el día domingo, en un momento de oración, Dios me llevó a preguntar cuántas mujeres no podían quedar embarazadas. Cuando uno siente este tipo de cosas inmediatamente distingue la responsabilidad que está asumiendo, pero también la fe nos dice que Dios es el que hace las cosas y no el hombre. Luego de realizar la pregunta pedí a las mujeres que se encontraban en esta situación que se acercaran al altar para allí orar por ellas. Oré por ellas y luego continué con la reunión. Los meses pasaron y como Dios es especialista en imposibles, los bebés comenzaron a llegar a la congregación. Recientemente tuvimos la llegada de uno de ellos, el cual pertenece a una familia muy cercana al liderazgo de la iglesia. Para todos los que estuvimos el día que nada se veía, solo el gran cartel con la palabra *imposible*, es una gran alegría ver las caritas de estos niños.

Lucas 18:27 dice: «*Lo que es imposible para los hombres, es posible para Dios*», y Marcos 11:22 nos exhorta: «*Tened la fe de Dios*». Dios ejerció su fe para crear por la palabra el mundo, él dijo y fue hecho.

La fe necesita ser expresada.

Necesitamos confesar lo que la palabra de Dios dice. Existe un gran poder en lo que decimos. El corazón cree, la boca confiesa (Romanos 10:10).

La fe viene por el oír la Palabra de Dios. ¿Cómo viene la fe? Por el oír, por el oír, por el oír. ¿Y cómo se afianza la fe? Por el confesar.

El peligro viene cuando se comienza a confesar el sueño por medio de la razón.

Es imprescindible agregarle fe al sueño, esto abrirá nuevos y diferentes caminos en medio del desierto. ¡No desmaye, aún hay mucho camino por recorrer!

La fe en Dios mueve montañas

Al comienzo del capítulo se encuentra el texto que dice: «*Tened fe en Dios. Porque de cierto os digo que cualquiera que dijere a este monte: Quítate y échate en el mar, y no dudare en su corazón, sino creyere que será hecho lo que dice, lo que diga le será hecho. Por tanto, os digo que todo lo que pidiereis orando, creed que lo recibiréis, y os vendrá*» (Marcos 11:22-24). Resueltamente Jesús se refiere a sus discípulos con un mensaje que apuntó al corazón y no a las circunstancias, él les dijo: «Tened fe en Dios». Estas sencillas palabras encierran un gran poder, el poder para vivir una vida tranquila y sin sobresaltos, ya que Dios se hará presente en cada etapa de nuestra vida y jamás nos abandonará. La fe lo hará permanecer tranquilo aunque todo sea removido a su alrededor. Aquel que le entregó el sueño, ¿no será ahora capaz de sostenerlo? Cuando se piensa en la Creación, es interesante comprender que el mundo fue creado de la nada y se sostiene sobre la nada. De la misma forma Dios se compromete a sostener su vida. Aún cuando sienta que su sueño pende de un hilo, Dios lo sostendrá.

La fe se desata al entrar en contacto con la adversidad, este es el medio por excelencia para que la fe se exprese. La fe del texto antes mencionado dice: «Cualquiera que dijere a este monte»; la presentación del monte de imposibilidades que comienzan a desfilar para oponerse al sueño será la ocasión oportuna para movilizar los recursos de Dios a su favor.

Daniel, en el Antiguo Testamento, revela esto en el foso de los leones; por la maquinación de sus enemigos Daniel es condenado y arrojado al foso, estuvo allí toda la noche y al amanecer el rey se acercó apresuradamente para saber qué había sucedido con Daniel, y le preguntó:

«Daniel, siervo del Dios viviente, el Dios tuyo ¿te ha podido librar de los leones?». Puede suceder que usted y sus sueños hayan sido arrojados al foso más profundo para que allí sean devoradas las esperanzas y devastadas las ilusiones, sin embargo pese a toda la adversidad, al igual que Daniel podrá contestar: «Mi Dios envió su ángel, el cual cerró la boca de los leones, para que no me hiciesen daño»; Dios cerrará la boca de las circunstancias que pretenden derribarlo.

Cuando en otra oportunidad tres israelitas íntegros fueron echados al horno de fuego ardiente, la Biblia nos dice que al momento que entraron en contacto con el fuego, el rey observó no tres hombres sino cuatro que se paseaban en medio del fuego sin sufrir ningún daño, ¡Jesús acudirá rápidamente a sostenerlo cuando sus sueños sean probados por el fuego!

La fe, cual semilla, necesita entrar en contacto con la tierra para desarrollarse. La tierra para la fe es la adversidad.

El problema no es problema para la fe.

El problema es una oportunidad para la fe.

¡La fe en Dios moverá su sueño!

Este último verano me encontraba disfrutando con mi esposa y mis hijos de unos hermosos días de vacaciones, cuando mi hijo más pequeño me invitó a pasar un tiempo con él en la piscina. Mientras estábamos allí comenzamos a jugar a tirar y encestar la pelota a un aro de básquet que estaba sobre un costado de la piscina. Para mí fue fácil y logré anotar mis tantos, pero cuando le tocó el turno a él me dijo: «No puedo». Sinceramente la altura del aro era inalcanzable para él. Pero cuando yo escuché su respuesta le dije:

—No digas que no puedes.

—Es que no puedo, no llego —me contestó.

Sin que él tuviera tiempo de darse cuenta me sumergí por debajo del agua y lo levanté sobre mis hombros de manera tal que el aro le quedara a su alcance y colocara la pelota. Su cara se iluminó con una hermosa sonrisa.

Cada vez que se encuentre lejos de lograr alcanzar sus sueños, Dios acudirá a levantarlo en sus hombros para que así pueda comprobar una vez más que si lo tiene a él, nada le resultará imposible. ¡Déjese levantar por él!

CAPÍTULO 5
Descubriendo quién soy

«En la carrera de la vida los ganadores no son los que superan a los demás, sino los que se superan a sí mismos» —R. Cooper.

En su ensayo sobre la confianza en sí mismo, Emerson escribe: «Recientemente he estado pensando por qué no tengo adeptos. Muchas personas que han escrito menos que yo tienen, sin embargo, toda clase de admiradores. El otro día comprendí la razón: los demás escritores buscan que los lectores se acerquen a ellos, mientras que yo busco que se acerquen a sí mismos»

—Emerson.

Cuando mencionamos la palabra líder automáticamente pensamos en una persona bien preparada y capacitada, que va por delante del resto de la gente siendo un ejemplo para sus seguidores.

El líder es aquella persona capaz de influenciar a otros. Liderazgo es influencia. El filósofo William James afirmó: «El mejor uso de la vida es utilizarla en algo que dure más que ella». El valor de la vida no es su duración, sino su donación; no cuántos años vivimos, sino cuánto fue lo que en ellos compartimos.

Por lo tanto, se puede caer fácilmente en el error de pensar que lo que más necesita el líder es de un nutrido conocimiento y a la vez un buen manejo de técnicas que le permitan compartir todo su saber. Como consecuencia tenemos excelentes seminarios de capacitación donde se brindan las últimas novedades en materia de desarrollo de habilidades y destrezas. Pero en realidad el primer y mayor desafío al que se enfrenta un líder es *conocerse a sí mismo*. Esta será la base para luego realizar su trabajo.

Para que la tarea a desarrollar sea sólida se necesita *ser* antes que *hacer*.

El fracaso de los líderes es una gran problemática a resolver. Cabe preguntarse: «¿Por qué fracasan los líderes?» Por lo general observo dos diferentes tipos de síntomas:

Líderes que sienten que no pueden

Se entusiasman con una visión, les encantaría ser parte del proyecto, pero muy en su interior sienten el poder de la descalificación. No se sienten capaces. Algunos durante un tiempo avanzan y tratan de mantener una imagen de control de las circunstancias, pero en su corazón están muertos de miedo y se terminan convenciendo de que nunca podrán con el desafío. La experiencia nos dice que cuando en el subconsciente se repite sucesivamente una idea, sea cierta o no, al tiempo, la persona comienza a actuar como si realmente esta fuera verdad. Por lo tanto el líder termina pensando: «Yo no sirvo para esto».

Líderes que tratan de manera incorrecta a la gente que le rodea

Este es el segundo síntoma que observo. Estas personas no inspiran, presionan; no piden, demandan; no corrigen, aniquilan Estos líderes se convierten sin quererlo en «llaneros solitarios». Personas que transitan por la vida proclamando a viva voz una visión, pero no hay discípulos a los cuales influenciar, recorren el camino en absoluta soledad, nadie quiere seguirlos por temor a ser castigados. Algunos son muy carismáticos y rápidamente consiguen seguidores, pero así como un día se rodean de seguidores, al día siguiente la gente se aleja. Repelen su entorno y nadie quiere acercárseles por temor a ser heridos. Son líderes parecidos al carpincho, cuando nos acercamos nos hincan sus espinas.

Cuenta la historia que cierto día de verano se encontraron un pícaro escorpión y un desprevenido sapo. Ambos se cruzaron frente a una laguna. Mientras el sapo se alistaba para cruzarla tranquilamente, el escorpión lo interrumpió:

—Necesito con urgencia pasar al otro lado de la laguna pero para mí esto es imposible, ¿podrías ayudarme?

El sapo lo miró y dijo:

—No, yo conozco a los de tu clase, tú eres un escorpión. Si te llevo conmigo seguramente me picarás. Y esto me matará.

—De ninguna forma, respondió el escorpión, contigo será diferente, yo te daré un trato especial. Prometo no hacerte daño alguno, porque de picarte ambos nos hundiremos.

El sapo dudó por un instante pero finalmente accedió al pedido. Diligentemente lo cargó sobre sus lomos y con mucho cuidado atravesó el lago sin hacer ningún movimiento extraño que pudiera perjudicar a su compañero de travesía. Cuando llegaron a tierra firme el sapo pensaba que había hallado un nuevo amigo, pero en ese momento el escorpión lo picó.

—¿Por qué lo hiciste? —gritó el sapo.

—No pude con mi naturaleza —respondió el escorpión mientras se alejaba para continuar su camino.

Muchos líderes tampoco pueden con sus propias heridas y terminan hiriendo a quienes más aman, sus discípulos.

Esto ocasiona el gradual alejamiento de los discípulos, y si la base del liderazgo es la influencia, estas personas se convierten en cualquier otra cosa, pero nunca en líderes.

Así como un termómetro nos ayuda a detectar la fiebre en el organismo, estas reacciones nos indican que hay un foco de infección, y si no se toman las medidas pertinentes esto acabará perjudicando la salud espiritual del soñador.

Los síntomas señalados hablan de un corazón que precisa ser restaurado. Se necesita con urgencia encontrar las razones que provocan tales reacciones para de esta forma evitar las tan dolorosas consecuencias.

Un corazón herido es un corazón marcado por cosas del pasado que quizás intelectualmente se resolvieron, pero emocionalmente siguen doliendo. Las reacciones responden a un patrón determinado. Muchas veces uno queda sorprendido consigo mismo por la respuesta dada a un familiar, amigo, discípulo; podemos fundamentar que fue producto del trato dispensado desde afuera, es decir que respondimos así porque nos atacaron y entonces solo había un camino, responder la agresión. Sin embargo, nuestra propia reacción nos sorprende, nos preguntamos de dónde salió tanta ira, y para nuestro asombro comprobamos que salió de nuestro interior. No nos dimos cuenta pero siempre estuvo allí.

Corazones heridos

Un cristiano con un corazón enfermo será un líder enfermo; un cristiano con un corazón sano será un líder sano. Para que esto se realice se debe exponer el corazón a la obra maravillosa del Espíritu Santo.

El texto de Isaías 53:4, hablando de la obra de Jesús en la cruz, enuncia: *«Ciertamente ...sufrió nuestros dolores»*. Luego, en Isaías 61:1, expresa: *«El Espíritu de Jehová el Señor está sobre mí, porque me ungió Jehová; me ha enviado a predicar buenas nuevas a los abatidos, a vendar a los quebrantados de corazón, a publicar libertad a los cautivos, y a los presos apertura de la cárcel».* En estos pasajes se ven dos realidades, dolores y un corazón quebrantado. La obra del evangelio por medio del sacrificio de Jesús abarca todas las áreas del individuo, incluyendo un espacio relegado por la iglesia y pocas veces ministrado: *las heridas del co-*

razón. Durante muchos años se predicó la importancia del perdón de los pecados, y luego que la persona pasaba por el proceso de la regeneración, se le comenzaba a hablar acerca de los beneficios de la cruz y de cómo Dios tenía un propósito para su vida. Vida nueva significaba cosas nuevas. Rápidamente el nuevo convertido comenzaba a experimentar la bendición y el llamado de Dios. Pero por alguna razón «lo nuevo de Dios» se perdía. Un relato de las memorables reuniones de oración en las iglesias lo ilustra de la siguiente forma:

«Era una de esas noches frías de invierno en que los cristianos se reunían a orar, esas reuniones tenían la particularidad de que el centro del programa estaba constituido por un ferviente tiempo de oración, pero otra particularidad era que el que oraba escuchaba la oración propia y la del vecino. Así estaba transcurriendo este servicio cuando el fuego de la presencia de Dios comenzó a descender. Se encontraban dos cristianos muy cerca el uno del otro cuando uno de ellos en medio de la visitación del Espíritu Santo comenzó a clamar: "Señor, Dios todopoderoso y maravilloso, ¡lléname con tu Presencia, lléname, lléname!" A lo que el vecino de oración, que conocía cómo era la vida de esta persona, respondió: "No lo llenes Señor porque está agujereado y se derrocha"».

Algunas personas se asemejan a un recipiente con grietas, se le llena de agua pero al poco tiempo están vacíos, el contenido se desperdicia. ¿Cuáles son las grietas por las cuales se desvanecen las bendiciones de Dios?

Los líderes que marcan un destino sienten claramente

En este capítulo nos detendremos a desarrollar lo que significa «sentir claramente». Así como físicamente somos el resultado de lo que comemos; espiritualmente, como individuos, somos el resultado de lo que sentimos. Leí un artículo muy interesante que hablaba acerca del cambio de alimentación en China. Durante siglos la comida del país contribuyó a determinar el porte y la estatura de la gente, pero la nota expresaba que con la apertura a la alimentación de occidente esto incidía en marcados cambios en la contextura física de los chinos.

Todo lo que entra a nuestra vida nos termina formando. El hombre es el resultado de cómo resolvió su pasado. Un pasado sin resolver provocará grietas en la personalidad y como consecuencia estaremos frente a serios problemas. Por allí se pierden el matrimonio, los amigos, los hijos, los sueños y el llamado de Dios.

Instintivamente el hombre tiende a negar las cosas que le provocan dolor, de alguna forma se trata de olvidar u ocultar los hechos dolorosos. La acción del inconsciente intenta sacar del plano de la conciencia el incidente disparador del dolor. A corto plazo esto representa alivio, pero luego se torna en dolores mucho más fuertes.

Jesús expresó: *«Sé de dónde he venido y a dónde voy»* (Juan 8:14). Aquí se nos invita a resolver el pasado para entonces sí extendernos al futuro con seguridad. Jesús tenía resuelto su pasado y su futuro. Lo pendiente nos mantendrá atados y será la razón de muchos de nuestros fracasos. La vida contiene todos los matices y en muchas ocasiones nos ofrecerá magníficas oportunidades, pero por las heridas del alma serán malgastadas.

La relación pasado-presente es inseparable, y un pasado resuelto me permitirá dar pasos seguros hacia mi futuro. Cuando yo tengo mi pasado resuelto puedo caminar con seguridad y alcanzar el propósito de Dios para mi vida.

El sueño despierta el sentido de trascendencia en mi vida y el corazón sano es el elemento fundamental para lograrlo. *Un corazón sano marca la diferencia.*

Las experiencias del pasado no resueltas frustran el sueño

Creyentes redimidos por la sangre de Jesús pero... heridos en su corazón

Una persona puede por muchos años concurrir a la iglesia y llegar a convertirse en un buen cristiano, viviendo en santidad y comprometido en el trabajo de la iglesia; sin embargo, puede poseer áreas de su vida marcadas por experiencias dolorosas. Si el alma está enferma la conducta se verá afectada, y como consecuencia el sueño se verá afectado total o parcialmente.

Conocí a una mujer la cual era una cristiana maravillosa y servicial, una de esas personas que siempre están dispuestas a prestar ayuda cuando el pastor o los líderes de la iglesia lo necesitan. En el momento que sucedió este episodio, ella estaba completamente involucrada en diferentes áreas de servicio en la iglesia local, pero a la vez estaba teniendo serios problemas en su matrimonio. En la medida en que la charla fue avanzando me encontré con un corazón lastimado. Lentamente se fue abriendo y pude conocer su dolor. Cuando era pequeña fue abusada sexualmente. Esto nunca se lo había contado a nadie. Luego que esto sucedió, ella comenzó a crecer y de forma natural comenzó a jugar con su belleza. Como era una mujer atractiva muchos jóvenes se acercaban para cortejarla. Ella con cada uno repetía un mismo esquema, dejaba que el hombre se enamorara perdidamente para luego de manera abrupta abandonarlo. Encontraba satisfacción en el sufrimiento ajeno. Lo peor de todo es que con lágrimas en los ojos ella me dijo: «Pastor, eso mismo estoy haciendo con mi esposo, él me quiere como a nadie en el mundo y yo también a él, pero no puedo expresar ni recibir el cariño. No podemos disfrutar de nuestra intimidad como pareja, es prácticamente imposible. Arruiné mi vida y la de mi familia. Tengo dos hijos, uno de ellos se acaba de separar de su esposa, el otro está a punto de hacerlo».

Cuando nos encontramos con casos de esta naturaleza es imprescindible dejar pasar un tiempo y permitir que el Espíritu de Dios por medio de su aceite cicatrice las heridas. El desafío es resolver el pasado para que este no haga naufragar el futuro.

Las heridas quieren modificar su destino de bendición

Dios soñó con usted, pero el diablo ha querido cortar esos preciosos sueños. Por medio de experiencias negativas él ha intentado arrebatar y destruir el destino que Dios trazó para su vida. Quizás también hay en su historial alguna vivencia secreta, muy guardada en lo íntimo, la cual ha tratado de ocultar u olvidar, pero vez tras vez vuelve el dolor. El dolor habla de falta de sanidad. ¿Cuál fue su experiencia?

Una mujer comenzó a asistir a nuestros servicios y un día con mucha emoción contó lo que Dios había hecho en ella. Tuvo una infancia muy dura la cual trató de arruinarle la vida. Sus padres se peleaban constantemente y ella sufría por ello. Las peleas se fueron tornando más violentas y su papá comenzó a agredir físicamente a su mamá. Un día él llegó del trabajo y se originó otra pelea. Ese día su madre había trabajado incesantemente planchando la ropa de la familia. Ellos eran de condición humilde y todo se hacía con mucho sacrificio. En medio de la pelea su papá le arrojó al barro gran cantidad de la ropa planchada, la cual representaba el trabajo de todo el día, y a continuación le pegó. Ella dijo que en ese momento lo primero que pensó fue que todos los hombres eran iguales y que por tal razón nunca iba a casarse y menos tener un hijo. En la adolescencia comenzó a rechazar a los hombres, pero en la medida que pasaron los años se fue relacionando. Como consecuencia de estas relaciones casuales quedó embarazada en reiteradas oportunidades, e inmediatamente acudía al ginecólogo para que le practicara los abortos. Estos abortos se hicieron con tanta frecuencia que llegó un día en que el médico le dijo que las paredes del útero estaban muy débiles y que indefectiblemente debía continuar con el embarazo, ya que de ser de otra forma corría riesgo su vida. A los meses nació su hija. Ella contaba que siempre la rechazó, nunca la quiso y la despreciaba. Pero un día conoció a Jesús y en un momento de ministración de las heridas del alma ella sintió que Jesús le decía: «Yo te hago libre, yo sano tus heridas».

En ese instante pudo recibir el perdón de Dios y perdonar a su padre. A partir de ese momento confesó que su vida cambió totalmente, desde ese instante ella comenzó a amar a su hija como nunca antes. Se integró a la iglesia e inició un proceso de transformación maravillosa y de involucramiento en el ministerio.

¿Sintió el poder de la defraudación, cuando aquellos que debían no solo amarla sino cuidarla no hicieron nada por defenderla? Un hombre de cuarenta y cinco años comenzó a concurrir a la iglesia. Estaba casado y tenía cuatro maravillosos hijos. No recordaba cuándo habían comenzado los primeros síntomas de angustia, hacía tanto tiempo que era imposible determinar cuándo y cómo este proceso se había originado. Estaba sumido en una profunda depresión. Luego de ministrarle, Dios lo tocó. Él contó que su papá era militar, tenía un carácter muy fuerte y enérgico. Cuando era pequeño su papá lo corregía y le pegaba con la hebilla del cinturón. Su delicada y sensible piel de niño quedaba marcada. Frente a esto recordó con pesar cómo su madre presenciaba las golpizas y nunca intervino, nunca lo defendió. Él se sintió indefenso, estaba convencido de que tanto su papá como su mamá lo habían amado, a su manera claro está, pero amado al fin; sin embargo él se sintió solo y desprotegido. El dolor del corazón no pasa por lo que *sabemos,* sino por lo que *sentimos.* Yo puedo entender con mi razón, pero hay razones que no pasan por la mente sino por el corazón.

Publio Siro, el cual vivió el año 42 a.C., lo expresó diciendo: «El dolor de la mente es peor que el dolor del cuerpo».

Los años habían transcurrido y en este hombre maduro ya no eran visibles las heridas de su piel, pero su alma estaba lastimada. La manera de sacar el dolor escondido era la depresión.

¡Qué maravilloso es experimentar no solo el poder de redención de Jesús, sino su tan preciado amor que sana nuestras heridas más profundas!

Su destino es un destino de bendición. ¡No permita que nadie se lo robe!

La sombra del abandono

Otra fuerte experiencia es cuando sentimos que nadie se interesó por nosotros. Hijos que fueron abandonados por los padres y experimentaron la falta de amor. Cuando un niño nace posee necesidades básicas, como son la alimentación, la higiene; pero también necesidades afectivas. Necesita sentir el amor. Un niño que no recibió amor será una persona que no estará en condiciones de recibir ni dar amor cuando crezca, situación que lo llevará a atravesar grandes crisis. Nacemos carentes de la experiencia del amor, necesitamos experimentarla por medio de nuestros padres.

Escuché acerca de un caso que sinceramente me impactó. Se trataba de una pareja de muy buena posición económica que se enfrentaban al sueño de su vida, iban a ser papás por segunda vez.

Julián nació a los ocho meses. El embarazo fue normal, pero en la última etapa se adelantó y tuvieron que practicarle cesárea. Luego de la operación, con mucho dolor, el esposo fue a ver a su esposa y le dio la triste noticia, Julián había muerto.

La pareja regresó al hogar con las manos vacías, como consecuencia la mujer cayó en un pozo depresivo y comenzó a ser medicada.

Luego de tres meses del nacimiento de Julián ella recibe una llamada telefónica. Era el obstetra que la había asistido durante el parto. Él le pregunta qué pensaban hacer con Julián, ya que él lo quería adoptar porque no tenía hijos. En ese instante ella pensó que se trataba de una broma de mal gusto, su hijo había muerto y el dolor por la pérdida no menguaba. El médico continuó explicándole que eso era una mentira y que Julián había nacido con «labio leporino», todo su paladar estaba abierto e incluso parte de la nariz, y su esposo había dado la orden de que no se lo mostraran.

Inmediatamente ella junto con su empleada doméstica acudió a la clínica, y para su sorpresa se encontró con que Julián efectivamente estaba vivo. Luego de esto se sucedieron muchos contratiempos. Reiteradas peleas en el matrimonio. Su esposo trataba de justificarse diciendo que debido a su situación económica no podían tener un hijo defectuoso, esto no iba a ser bien visto. Ella continuó con tratamientos sicológicos, primero porque le costaba aceptar que Julián fuera su hijo, cada vez que lo miraba veía a un monstruo; y segundo porque sus estados depresivos iban en aumento.

Julián fue sometido a reiteradas operaciones y hoy no tiene ni siquiera una cicatriz que delate su pasado. Está casado, tiene un hijo. Durante todos los años siguientes su padre trató de entregarle todo, lo cubrió con todo tipo de bienes materiales, de alguna manera quiso reparar el error. Su mamá hasta el día de hoy acusa a su esposo por su depresión, ella dice que lo que él le hizo la enfermó. «Se pueden borrar las cicatrices externas del pasado pero las internas no cierran tan fácilmente».

Creciendo bajo el imperio del hijo no esperado

Los hijos adoptados suelen experimentar el dolor del abandono y del desinterés. Algunos pueden hasta justificar que sus padres, presionados por las circunstancias, hallan tenido que darlos en adopción; pero no logran comprender cómo nunca sus padres se interesaron en preguntar por ellos.

También están aquellas personas que al crecer se enteraron que fueron hijos no deseados, productos de la casualidad. Siempre se le presentará un emisario que tratará de revelar su pasado para destruir su futuro. Alguien vendrá a contarle cómo su papá le sugirió a su mamá que se practicara un aborto. Pero luego esto se dilató y bueno, suspirando profundamente, como no hubo otra salida, aquí está usted. O tal vez el mensaje sea que en su casa su papá esperaba un varón y apareció usted, una niña. Esto trajo serias discusiones entre sus padres, continuará el emisario, «¡Hasta habían empapelado tu habitación de color celeste!»

Enterarse que era un hijo no deseado tratará de marcarlo para que tenga una vida con falta de significado, con resentimiento, con rabia. Si esta es su situación no quiero dejar pasar la oportunidad para confrontar sus heridas con la realidad de la verdad de Dios:

«Si no estuvo en los planes de sus padres terrenales, sí estuvo en los planes de su Padre Eterno». ¡No es producto de la casualidad! Dios soñó con usted y su sueño es maravilloso, él tuvo pensamientos de bendición para su vida, de manera tal que ¡siga adelante!

¿Cómo disfrutar la salvación y la sanidad del alma?

Cada ser humano es un hijo engendrado y deseado por Dios, así lo expresa el Salmo 139:

«Oh Dios, tú me has examinado y conocido. Tú has conocido mi sentarme y mi levantarme; has entendido de lejos mis pensamientos. Has escudriñado mi andar y mi reposo, y todos mis caminos te son conocidos. Pues aún no está la palabra en mi lengua, y he aquí, oh Dios, tú la sabes toda. Detrás y delante me rodeaste, y sobre mí pusiste tu mano. Tal conocimiento es demasiado maravilloso para mí; alto es, no lo puedo comprender. ¿A dónde me iré de tu Espíritu? ¿Y a dónde huiré de tu presencia? Si subiere a los cielos, allí estás tú; y si en el Seol hiciere mi estrado, he aquí,

allí tú estás. Si tomare las alas del alba y habitare en el extremo del mar, aún allí me guiará tu mano, y me asirá tu diestra. Si dijere: Ciertamente las tinieblas me encubrirán; aun la noche resplandecerá alrededor de mí. Aun las tinieblas no encubren de ti, y la noche resplandece como el día; lo mismo te son las tinieblas que la luz. Porque tú formaste mis entrañas; tú me hiciste en el vientre de mi madre. Te alabaré; porque formidables, maravillosas son tus obras; estoy maravillado, y mi alma lo sabe muy bien. No fue encubierto de ti mi cuerpo, bien que en oculto fui formado, y entretejido en lo más profundo de la tierra. Mi embrión vieron tus ojos, y en tu libro estaban escritas todas aquellas cosas que fueron luego formadas, sin faltar una de ellas. ¡Cuán preciosos me son, oh Dios, tus pensamientos! ¡Cuán grande es la suma de ellos! Si los enumero, se multiplican más que la arena; despierto, y aún estoy contigo».

Fuimos creados para ser amados y aceptados. Cuando Jesús se acercó a Juan el Bautista para ser bautizado, se nos dice que en ese momento se oyó una voz que dijo: «Tú eres mi Hijo amado; en ti tengo complacencia». De esta forma el Padre afirmó su amor para con su hijo: «Tú eres mi amado, estoy feliz contigo».

Dios marcó al hombre con amor; cuando por alguna razón el hombre experimenta la ausencia del mismo se quebranta una ley interna que nos desequilibra.

¿Cómo dejar atrás mi pasado?

Experimente su propio encuentro con Dios

Finalizado un retiro espiritual un joven se acercó para narrarnos su experiencia. Yo titulé esta historia «El beso de Dios».

Este muchacho tenía treinta y tres años y poseía serios problemas de drogadicción. Por tal motivo un joven de la congregación lo invitó a participar del retiro. Allí Dios comenzó a ministrarle y en un momento él tuvo una experiencia inolvidable.

El joven contó que cuando era pequeño, su papá, todas las mañanas, antes de ir a trabajar se despedía de él dándole un beso en la mejilla. Así sucedió durante gran parte de su niñez. Una mañana, justo el día en que él cumplía años, habiéndosele hecho tarde para ir a trabajar, su papá se fue sin darle su beso de despedida.

Estando él en la cama escuchó como su mamá le decía de la importancia de saludarlo ya que era su día de cumpleaños. Él respondió: «Querida se me hizo tarde, por la noche festejaremos, cuando regrese le doy su beso».

Esa fue la última vez que él vio a su padre. Por ese tiempo Argentina vivía un tiempo muy difícil política y socialmente, había problemas con la guerrilla y su padre desapareció, había sido asesinado.

Los años comenzaron a pasar. Durante la adolescencia empezó a consumir droga. La droga era un síntoma de problemas muchos más profundos.

Estando en el retiro, en un momento de oración, luego que la Palabra había sido compartida, Dios le habló de una puerta abierta en su corazón. En ese instante él recordó de manera vívida la mañana de su cumpleaños, él recordó como su padre se iba sin darle su beso de despedida y cómo su corazón había permanecido atado por el resentimiento, en ese momento sintió que Dios mismo se acercó a él y lo besó. Él nos dijo: «A partir de allí se cerró la herida que me llevó a consumir droga y por medio de la cual estaba desperdiciando mi vida, se cerró la puerta de mi pasado».

Deje de luchar, ríndase

Rendirse es una palabra poco popular, generalmente se le relaciona con perder, y nadie quiere perder, nadie en la vida quiere ser calificado como: «Miren, allí va el perdedor».

Rendirse significa admitir la derrota de una batalla, la imagen de la bandera blanca flameando en las películas dan señal de que un ejército venció y otro fue dominado.

Rendirse significa entregarse a otro más fuerte que uno mismo. Esto también lo vemos en el noticiero de la noche que nos informa como la policía tuvo rodeados y cercados durante varias horas a un grupo de ladrones, los cuales finalmente acabaron rindiéndose. Por tal motivo la palabra rendirse es antipopular. El mundo es un lugar de alta competencia, donde nadie está dispuesto a ceder ni un centímetro de su territorio. Decimos: «Pasarán sobre mi cadáver», dando así a entender que solo muertos nos derribarán. Cuando escuchamos que alguien se rindió, instantáneamente pensamos: «Perdió, otro le ganó».

Al hombre le agrada hablar de victorias, de éxito, nos identificamos con los que ganan, por eso cuando un club de fútbol va ganando en el campeonato todos sus fanáticos sacan a relucir sus camisetas. Nos agrada que nos identifiquen con los que van primero.

Nos encanta escuchar mensajes que nos digan que somos más que vencedores, que vamos a ganar, esto trae un alto grado de entusiasmo; pero permítame decirle que la clave en mi relación con Dios es *rendirme*.

Cuando nos rendimos Dios puede hacer su obra en nosotros, el corazón puede ser completamente restaurado.

¿Hasta cuándo seguirá luchando con su pasado sin rendirlo a Dios? Entréguele el control. Hay cristianos que entregan tiempo de servicio en la iglesia, tiempo de oración y ayuno, dinero para predicar la Palabra, pero guardan para sí otra parte de su vida. En mi experiencia pastoral compruebo que al hombre le cuesta demasiado rendir «su pasado». Las heridas son retenidas y como consecuencia el dolor es retenido. Quedamos empantanados no en los desafíos externos sino en nuestras propias cárceles. ¡Deliberadamente ponga su pasado en las manos de Dios!

¿En manos de quién?

Una pelota de baloncesto en mis manos vale más o menos diecinueve dólares.

Una pelota de baloncesto en las manos de Michael Jordan vale unos treinta y tres millones de dólares.

Depende de en las manos de quién está.

Una pelota de béisbol en mis manos vale unos seis dólares.

Una pelota de béisbol en las manos de Mark Maguire vale diecinueve millones de dólares.

Depende de en las manos de quién está.

Una vara en mis manos puede ahuyentar a un animal salvaje.

Una vara en alas manos de Moisés dividió el poderoso mar.

Depende de en las manos de quién está.

Una honda en mis manos es un mero juguete.

Una honda en las manos de David es un arma poderosa.

Depende de en las manos de quién está.

Dos peces y cinco panes en mis manos son dos sándwiches de pescado.

Dos peces y cinco panes en las manos de Dios alimentarán a miles.

Depende de en las manos de quién están.

Clavos en mis manos pueden servir para construir una jaula.

Clavos en las manos de Jesucristo dieron la salvación para el mundo entero.

Depende de en las manos de quién están.

Entonces, ponga su vida, su pasado, sus heridas, sus sueños, su llamado en las manos de Dios porque...

¡Depende de en las manos de quién están!

CAPÍTULO 6

A través del valle del perdón

«Y perdónanos nuestras deudas, como también nosotros perdonamos a nuestros deudores» —Mateo 6:12.

Llegar a conocernos a nosotros mismos puede resultar una experiencia no gratificante. Encontrarse con heridas y dolores no es agradable. Sin embargo, para ser líderes efectivos es imprescindible limpiar todo nuestro pasado.

El Doctor Peale cita un relato verídico, el cual sucedió en Nueva Inglaterra: «Un hombre acudió al dentista. Durante una intervención se rompió la aguja del torno. El dentista buscó cuidadosamente hasta creer que había recobrado todas las piezas. No obstante, sin pensar siquiera que podía haber conexión con el suceso en casa del dentista, ese hombre algunos meses más adelante empezó a sentir un ligero dolor en la nuca. Mucho después el dolor se trasladó al hombro. Años más tarde la molestia apareció en el brazo, que finalmente fue puesto ante el aparato de rayos X y del que se le extrajo un pequeño objeto que resultó ser un fragmento de la aguja».[1]

---

[1] «Puedes si crees que puedes», Norman Peale

Cuando una experiencia de dolor abate nuestra alma, si no permitimos que la misma sane, seguirá su curso llevando reacciones de dolor a su paso. Nos dolerá en nuestros sueños, en la relación matrimonial, en el trato con nuestros hijos, en la salud física, en el ministerio. Habrá bajas en el sistema inmunológico, trayendo como consecuencia enfermedades en la piel, caída del cabello, también se originarán estados depresivos, iras incontrolables, y lo que es más lamentable, un llamado frustrado.

No podemos evitar las experiencias de dolor, pero la mayor verdad es que *sí podemos decidir nuestra respuesta hacia la misma*. Las palabras de Bernie S. Siegel sobre el tema son: «No se puede pasar por la vida sin dolor... Lo que podemos hacer es escoger cómo usar el dolor si la vida nos lo presenta».

En muchas oportunidades el hombre no puede elegir las circunstancias y los imprevistos, pero siempre es dueño de decidir su reacción. Nadie puede quitarle su derecho de decisión.

Llegado a este punto la pregunta ineludible es: ¿Cuál fue su respuesta al dolor? Hay un único camino, y se llama *perdón*. Para sanar el pasado hay que perdonar. Por muy doloroso que parezca el lograr perdonar, solo cuando lo decido me evito caer en peores males.

En un día caluroso de verano en el sur de la Florida, Jimmy, de tan solo nueve años, decidió ir a nadar a la laguna detrás de su casa. Salió corriendo por la puerta trasera, se tiró en el agua y nadaba feliz. No se había dado cuenta de que un caimán se lanzó sigilosamente al agua y nadaba en dirección a él. Su mamá desde la casa miraba por la ventana, y vio con horror lo que sucedía.

Rápidamente la madre corrió hacia su hijo gritándole lo más fuerte que podía. Al oírle el niño se alarmó y comenzó a nadar hacia su mamá. Pero fue demasiado tarde.

Desde el muelle la mamá agarró al niño por sus brazos justo cuando el caimán se prendía de sus piernitas. La mujer jalaba determinada, con toda la fuerza de su corazón. El cocodrilo era más fuerte, pero la mamá era mucho más apasionada y su amor no la abandonó. Un vecino que escuchó los gritos se apresuró hacia el lugar con una pistola y mató al caimán. El niño sobrevivió y, aunque sus piernas sufrieron bastante, aún pudo llegar a caminar.

Cuando salió del trauma, un periodista le preguntó al niño si le quería enseñar las cicatrices de sus pies. El niño levantó la colcha y se las mostró.

Pero entonces, con gran orgullo, se remangó las mangas y señaló las cicatrices de sus brazos y dijo: «Pero estas son las que usted debe fotografiar». Eran las marcas de las uñas de su mamá que lo había presionado con fuerza para salvarle la vida. «Las tengo porque mamá no me soltó y me salvó la vida», agregó con un tono de dulzura y amor.

Nosotros también tenemos las cicatrices de un pasado doloroso. Algunas son causadas por nuestros pecados, otras son las huellas que el amor de Dios dejó a su paso. Cuando experimenta el amor de Dios en su vida su huella se llama perdón. La experiencia del perdón nos ha sostenido con fuerza para que no caigamos en las garras del mal. Hay heridas que nos dañan, pero hay otras que por más dolorosas que parezcan, nos sanan.

Comprenda la dimensión del perdón

El evangelio según San Mateo nos relata una historia interesante, esta se desarrolla en el capítulo 18. La historia cuenta acerca de un rey que quiso hacer cuentas con sus siervos. El pasaje se centra en el rey y uno de sus siervos. Nos cuenta que este siervo le debía diez mil talentos, algo estimado actualmente en diez millones de dólares; obviamente era imposible para el siervo saldar la deuda. Bajo ningún punto de vista trabajando por unos pocos centavos al día podría pagar diez millones. La paga de esto resultaba en la venta del siervo, de la esposa e hijos, y de todo lo que tenía.

Ante tal sentencia el siervo imploró paciencia y dijo: «Yo te pagaré». Luego pidió más tiempo, que extendiera el plazo para el pago de la deuda.

Siendo conocedor el rey de la situación del siervo y de que nunca podría pagarle, tomó una decisión trascendental para la vida del siervo: «El señor de aquel siervo, movido a misericordia, le soltó y le perdonó la deuda». De manera milagrosa, el siervo se quedó libre y con su deuda perdonada.

Sin embargo, la historia añade que al salir de la presencia del rey, el siervo se encontró con una persona que le debía cien denarios, lo que equivaldría a unos veinte dólares. De manera implacable, apretándole el cuello le exigió su paga de inmediato. Como este no podía pagarle lo llevó a la cárcel hasta que pagase toda la deuda. Enterándose el rey del hecho, lo mandó llamar y le dijo: «Siervo malvado, toda aquella deuda (diez millones) te perdoné, porque me rogaste. ¿No debías tú también tener misericordia de tu consiervo, (que debía solo veinte dólares) como yo tuve misericordia de ti? Entonces su señor, enojado, le entregó a los verdugos, hasta que pagase toda la deuda que le debía».

Al finalizar la historia, Jesús concluye el relato de manera enfática: «Así hará Dios con vosotros si no perdonáis». ¿Cómo hará Dios? Él hará como hizo el rey con su malvado siervo, el que no perdona no recibirá perdón.

El siervo quedó en la cárcel bajo verdugos. Sin perdón nuestra vida se convierte en una cárcel custodiada por verdugos. Es una cárcel de resentimientos, de tortura, de amargura.

El sistema de deudas en el interior del hombre

En esta historia hay una palabra clave y es *deuda*. El padrenuestro, el modelo que Jesús nos dejó de oración, también menciona la misma palabra: «Perdona nuestras *deudas*».

Me impactó el tratamiento que el profesor David Seamands le dio al tema del perdón. Él explicó que existe un sistema de deudas.[2] Cuando el hombre quebranta la ley del amor entramos en un estado de «deuda». Fuimos creados para el amor y la aceptación. Dios marcó al hombre con amor. Cuando pecamos contra alguien, cuando actuamos mal contra otra persona, decimos: «Me siento en *deuda* con esta persona. Creo que tengo el *deber* de pedirle perdón».

Otro ejemplo práctico lo vemos cuando alguien sale de la prisión, generalmente se dice: «Pagó su deuda con la sociedad».

La moraleja de esto es la siguiente: «Siempre que transgredimos la ley del amor con la que Dios nos marcó, estaremos en deu-

---

[2] David Seamands, *Curación para los traumas Emocionales*, Editorial Clie

da». El sistema de deuda fue puesto dentro de la personalidad humana, es un sentido del *deber*, es la sensación de estar en *deuda*. Así como yo perdono a otros las deudas y los dejo salir de la cárcel, de la misma manera se me perdona a mí y se me deja libre de la cárcel que me corresponde.

Verdugos del dolor (o los cobradores internos)

El siervo malvado, que no perdonó, fue entregado a la cárcel y puesto bajo la supervisión de verdugos hasta que pagara toda la cuenta.

En la vida del hombre estos verdugos son «cobradores internos» que se ponen en marcha inmediatamente. Procuramos con solicitud pagar las deudas o hacer cobrar las deudas.

Decimos: «Debo pagarlo todo», si nos sentimos mal con nosotros mismos. O amenazamos: «Me las vas a pagar», si estamos enojados con otro.

Todo este proceso es puesto en manos de «atormentadores internos». Se desata el poder torturador de los demonios, los carceleros son justamente demonios y la persona se siente en una cárcel. Al pensar que alguien me tiene que pagar el daño ocasionado, el dolor de la herida me hace reaccionar a través de conductas agresivas, iras descontroladas. Esto es una verdadera cárcel, son cárceles de culpas, de resentimientos, de odios, de angustias.

El doctor David Belgun dice que el setenta y cinco por ciento de las enfermedades físicas de las personas tiene su origen en problemas emocionales, lo explica así: «Estos pacientes se castigan con sus enfermedades. La enfermedad y los síntomas son *confesiones involuntarias de sus culpas*».

Internamente se siente que alguien debe pagar por el dolor. Hablé con una mamá joven que reiteradamente maltrataba a sus hijos, a los cuales amaba entrañablemente. Vez tras vez, luego de gritarles y agredirles, sentía un profundo dolor y se sumía en una profunda tristeza. Al hablar con ella mencionó que por momentos se sentía en una cárcel sin salida. Durante la ministración de nuestra charla, ella comprendió que se estaba cobrando una deuda interna. Cuando era pequeña su madre y su abuela la maltrataban, y por cualquier cosa le pegaban. Así fue creciendo, con odio y rencor en su corazón. Más de una vez se había prometido a sí misma que no iba a ser como su mamá, pero luego, para su sorpresa y angustia, veía la misma actitud reflejada en su trato hacia sus hijos. Solo cuando logró perdonar, pudo salir de su propia cárcel. ¿Cuál es su cárcel?

Somos totalmente perdonados

El siervo de la historia quería pagar, pedía una prolongación, una reprogramación de la deuda. El rey le perdonó la deuda por completo. No debía nada. Su deuda había sido cancelada por la ley de la misericordia. Al principio esto fue motivo de alegría, sin embargo aún no entendía su completa dimensión. El rey le dio todo, más él no comprendió. El orgullo pudo más, no podía concebir recibir sin pagar. El siervo pensó: «En la vida todo se paga, ¿cómo entonces podré ser absuelto sin pagar nada a cambio?»

Así es el amor de Dios, yo puedo llevarme su amor sin pagar; puedo llevarme su perdón sin pagar. ¿Por qué no tengo que pagar? Porque ya pagó Jesús en la cruz del Calvario.

El siervo fue libre de la deuda, del verdugo y de la cárcel. La deuda nos lleva a la cárcel, como él no entendió la dimensión del perdón que recibió, quería de manera egoísta hacer pagar a otros las deudas, y terminó preso en su propia cárcel.

Existe una diferencia entre comprender la gracia y experimentar la gracia. La gracia de Dios no solo debe ingresar al intelecto, sino también a nuestras emociones. Si solamente entiende la gracia de Dios, pero no la experimenta, esto lo llevará a vivir en el «molino del esfuerzo», que es la acción de tener que pagar.

Cuando no nos perdonamos, la culpa nos acosa y queremos cobrar la deuda, de esta forma llegamos a experimentar remordimiento y nos aborrecemos.

De esta forma me niego a ser feliz. Intelectualmente anhelamos la felicidad, pero interiormente nos la negamos. «Tengo que pagar la deuda».

La siguiente es una historia real que una mujer de mi iglesia le contó a uno de nuestros líderes. Esta señora nació en el vecino país de Bolivia. Cuando ella era muy pequeña su madre falleció. Su padre argumentó ser incapaz de criarla y no tuvo mejor idea que venderla a unos tíos.

Su vida se caracterizó por el desafecto y los malos tratos de sus tíos. Estos la obligaban diariamente a realizar tareas en el campo. En muchas oportunidades la echaron de la casa obligándola a dormir a la intemperie.

Completamente desprotegida y carente de afectos escapó hacia la Argentina. Aquí se instaló en un barrio de la capital, donde conoció a un joven con el cual luego se casó. Dicha convivencia estuvo marcada por una continua y creciente violencia. Tuvo dos hijos, quienes también comenzaron a sufrir la violencia verbal y corporal por parte de sus padres.

En medio de cada discusión el esposo la instaba a que ella lo abandonara y lo dejara tranquilo para así salir con otras mujeres.

Un día durante una acalorada discusión el esposo le dijo que se matara, de esa forma dejaría de ser una carga. Luego de estas palabras, ella tomó una botella de alcohol, se lo roció sobre su cuerpo y se prendió fuego, mientras sus hijos y esposo estaban presentes. Durante un tiempo, su esposo solo miraba y no intentaba ayudarla. Luego de esto fue llevada a un hospital especializado en quemaduras, su cuerpo fue afectado un setenta y cinco por ciento, y recibió quemaduras de cuarto grado. Solo su rostro y manos no fueron afectadas por el fuego.

Esta situación fue propicia para que sus familiares, los cuales eran creyentes, le hablaran de Jesús. Un líder de la iglesia comenzó a visitarla mientras ella estaba internada. Durante la segunda visita, esta mujer recibió a Jesús como su Salvador. Cuando fue dada de alta asistió a uno de los retiros espirituales que llevamos a cabo con regularidad en la iglesia. Allí recibió ministración personal y tuvo «su encuentro con Dios». Durante el retiro, ella experimentó la sanidad de sus heridas internas y con decisión pasó el valle del perdón. Logró perdonar a sus padres y a sus tíos, hacia los cuales mantenía un profundo rencor. Luego, con la ayuda de Dios, perdonó a su esposo, y por sobre todas las cosas en sus propias palabras, experimentó el «autoperdón». Reconoció que nunca había dado amor ni tratado bien a su familia. Al regresar del retiro corrió a encontrarse con sus hijos y decirles que los amaba, durante su vida, nunca, ni siquiera una vez, les había dicho a sus hijos que los amaba.

¡Qué maravillosa oportunidad nos ofrece Jesús de ser libres de los verdugos del dolor! Cuando perdono soy libre de la cárcel.

Solo al experimentar el perdón podemos perdonar

El siervo de la historia salió a cobrarse la deuda porque no había entendido el perdón otorgado por el rey. Si fallamos en recibir la gracia, fallamos en dar perdón. Nuestro perdón estará condicionado. La persona que no es perdonada, no puede perdonar.

El siervo dijo: «Págame, porque tengo que pagar, necesito conseguir el dinero para saldar mi deuda».

Cuando no logramos perdonar, el círculo se estrecha:

Los que no fueron aceptados, no aceptan.

Los que no fueron perdonados, no perdonan.

El que no experimenta la gracia, no la ofrece.

El que se siente rechazado, rechaza.

Las consecuencias de todo esto llegan a ser sumamente vergonzosas.

¿Alguna persona le debe algo?

Cada vez que nos deban algo lo saldremos a cobrar como el siervo. El hombre sale a cobrar amor, aceptación, consideración, estima, seguridad.

¿Quién le debe? Pueden ser sus padres que lo lastimaron o sus hermanos que de alguna forma lograron humillarlo. Amigos que de forma inesperada lo traicionaron, o quizás su esposa u esposo que le fue infiel.

El matrimonio suele ser un lugar común donde se practica el sistema de deudas. El error se origina cuando la motivación, lo que mueve a tomar la decisión de casarse, consiste simplemente en «llenar un vacío». Las personas pretenden apagar su soledad, sus vacíos, dándole al cónyuge la oportunidad de suplir sus necesidades.

Cuando se da esta situación, cada integrante del matrimonio se asemeja a una «garrapata». Este insecto tan particular vive a expensas del perro. No está interesada en el bienestar o salud del perro, solo le preocupa sentirse bien ella misma, su rol es netamente egoísta.

¡Qué tragedia cuando en el matrimonio tanto el hombre como la mujer están interesados en sí mismos, cuando no les preocupa dar sino solo recibir! ¡Son como dos garrapatas sin perro! De alguna forma son dos cobradores de deudas sin dinero, ninguno de los dos pueden pagar.

Esto da origen a los acalorados e hirientes reclamos: «Me las vas a pagar, ya vas a ver».

El matrimonio es firme cuando ambos experimentaron la gracia del perdón de Dios, solo allí se vive y practica el verdadero perdón.

El líder y el perdón

El liderazgo se caracteriza por la nutrida gama de relaciones que se establecen. El líder posee tres niveles de relación:

La primera tiene que ver con sus superiores, de quienes él se nutre y aprende, además de tener que darles cuentas sobre sus asuntos.

La segunda relación se establece con sus seguidores, con quienes comparte sus ideas, a quienes corrige, alienta y a la vez motiva. El líder debe de ser un desafío constante para sus discípulos o seguidores.

Y la tercera relación se establece con sus compañeros, a quienes denominaremos consiervos. Con ellos comparte tiempo de amistad, de recreación, así como también enseñanzas.

Como se podrá observar, cada nivel de relación posee características propias y diferentes del otro grupo, y como también se puede ver son muchas las personas con las que un líder se relaciona.

Una relación se basa en la confianza de una persona hacia otra, esta delicada trama que une a los individuos que trabajan juntos en un propósito se ve en variadas circunstancias manipulada por el roce del trabajo y por los buenos y malos días de las personas que realizan dicha tarea. Relacionarse es abrir la puerta para interactuar. Dios nos creó, y cuando observó su obra terminada expresó:

«No es bueno que el hombre esté solo». Esto es aplicado directamente a la relación de pareja, pero creo que en todos los órdenes no es bueno que el hombre esté solo. Por ejemplo, luego de regresar de un viaje uno quiere encontrarse con sus amigos para compartir con ellos las vivencias de esos días, es algo natural y gratificante contar con personas con las cuales compartir lo que nos pasa. El recordar los buenos momentos es una manera diferente de revivir lo que nos sucedió. Por otra parte, cuando pasamos por situaciones dolorosas, el contar con alguien a nuestro lado nos es de gran ayuda. Sean situaciones buenas o malas, el individuo necesita compartir. La soledad no es buena compañera.

El líder continuamente tiene sus puertas abiertas para la interacción, pero si en su interior abriga «deudas», estas se trasladarán inmediatamente al mundo que lo rodea y lamentablemente empañarán sus relaciones. No serán relaciones basadas en la confianza, sino en la inseguridad, plagadas de susceptibilidades, de envidia, de celos, de aires de autosuficiencia.

El trabajar juntos origina fricción, lo cual es normal, pero lo que no es para nada normal es cómo esas diferencias son solucionadas. Cuando mi corazón fue herido y no experimenté el perdón, ante cada dificultad voy a medir a los demás con mi propia vara, la cual no es justamente una buena medida, ya que está adulterada. El siervo de la historia dijo: «Págame, y ¡hazlo ahora!», mientras lo tomaba por el cuello asfixiándole.

Las deudas nos hacen pensar mal de quienes nos rodea, y si además agregamos los errores que todos tenemos, la situación llega a su punto máximo. Pensamos: «¿Cómo fui tan tonto para confiar en él o ella?»

La persona con deudas es implacable. «Ojo por ojo», como dicta la ley. Sin embargo, el profundo amor de Dios perdona todas nuestras iniquidades. Dios es misericordioso.

El cuadro de la cruz es tipo de la peor injusticia. En los tiempos bíblicos la condena máxima para los malhechores era la pena de muerte por medio de la crucifixión.

Cuando Jesús fue arrestado, por todos los medios se trató de encontrar razones que lograran justificar su muerte, pero esto no pudo ser posible, sin embargo la sentencia no se modificó, muerte y muerte de cruz fue la resolución. La escena en los evangelios está impregnada de elocuencia y majestad, la mirada de los hombres, la mirada de los ángeles y la mirada de Dios estaban allí. En esos momentos tan cruciales se dirimía el destino del hombre. La historia bíblica nos relata que Jesús fue llevado y llevaron también con él a otros dos malhechores para darles muerte. Cuando llegaron al monte llamado de la Calavera, le crucificaron a él y a los dos ladrones. La gente que estaba allí se mofaba diciéndole que si él era realmente el Rey de los judíos se salvara a sí mismo. Uno de los malhechores se sumó a la injuria, diciendo: «Si tú eres el Cristo, sálvate a ti mismo y a nosotros». En ese instante el otro le reprendió, diciendo: «Nosotros a la verdad, justamente padecemos, porque recibimos lo que merecieron nuestros hechos; más él ningún mal hizo».

Jesús, sin haber cometido pecado alguno, fue muerto. ¿Para qué? Para que usted y yo podamos gozar del perdón de Dios y se borrara la lista de nuestras transgresiones. El Justo pagó por los pecadores.

Cuando aceptamos a Jesús en nuestro corazón estamos disfrutando de un regalo inmerecido llamado *perdón*. Cuando el corazón del hombre es alcanzado por el amor de Dios y por su perdón, ese corazón es cambiado por uno nuevo.

Días atrás, un flamante líder de mi iglesia subía a la plataforma a dar testimonio. Él nos contaba que antes de conocer a Jesús su vida no tenía sentido y estaba perdido en la droga. Esto lo llevaba a delinquir y su vida era un infierno. Sin embargo, ahora todo era diferente, y él estaba completamente involucrado en hablar a otros de Jesús. En los últimos tiempos muchas personas habían conocido a Jesús por medio de su vida y esto había provocado la apertura de varios grupos de discipulado. Finalizando el testimonio él dijo una frase que me impactó: «Antes me paraba en las esquinas a vender droga y no me avergonzaba; ahora me paro en las mismas esquinas a hablar de Jesús. Si cuando hacía lo malo no tenía vergüenza, ¿por qué la voy a tener ahora? ¡Jesús ha cambiado mi vida!»

Cuando escuché esto instantáneamente pensé: «Al que mucho se le perdona, mucho ama».

¿Cuánto le perdonó Jesús? ¿Cuánto hizo él por usted? ¿Alguna vez tuvo que pagar por ello?

Que el Espíritu Santo ilumine su corazón en esta hora para comprender la verdad reveladora del perdón, y esa luz lo alumbre interiormente para hacerte libre de su propia cárcel. ¡Ya no tiene por qué permanecer bajo el poder de los verdugos! ¡Salga de allí porque Jesús lo hizo libre!

Regresando al lugar donde se extraviaron sus sueños

La historia de 2 de Reyes 6:1-7 nos cuenta que se encontraban los hijos de los profetas edificando un lugar donde habitar. Para tal fin fueron hasta el Jordán en busca de madera y le rogaron al profeta Eliseo que les acompañara. Comenzaron con sus tareas cuando un imprevisto los sorprendió: «Y aconteció que mientras uno derribaba un árbol, se le cayó el hacha en el agua; y gritó diciendo: ¡Ah, señor mío, era prestada! El varón de Dios le preguntó: ¿Dónde cayó? Y él le mostró el lugar. Entonces cortó él un palo, y lo echó allí; e hizo flotar el hierro. Y dijo: Tómalo. Y él extendió la mano, y lo tomó».

La vida del ser humano está repleta de «imprevistos». Denominaremos de esta forma a todo ese conjunto de circunstancias desagradables que nos asaltan, aparecen en el curso de nuestra historia sin dar aviso, llegan y nos golpean.

Este profeta salió junto con el resto de los profetas y con su mentor espiritual a buscar madera para edificar su casa. Él anhelaba un lugar agradable para su familia, donde los sueños se harían realidad, pero mientras él está trabajando para alcanzarlo, surge el «imprevisto». ¿Se ha hallado trabajando esforzadamente en ser feliz y lograr alcanzar sus sueños, cuando de repente lo sorprendió un «imprevisto»? ¿Qué hacer cuando nos encontramos en medio de circunstancias inesperadas?

Este hombre levantó su voz y gritó. Llegó la hora de los lamentos, de los ¿por qué a mí? La hora del dolor, de la soledad, de los sueños rotos, de las marcas, de las heridas. Todos en la vida hemos pasado por momentos de dolor, golpes que quieren torcer nuestro destino. Pero en la historia aparece en escena una figura muy importante, el profeta. Él se acerca y le formula una pregunta clave: «¿Dónde cayó?» El Espíritu Santo se acerca a su vida y le pregunta: ¿Dónde perdió el hacha? ¿En qué lugar se disiparon sus sueños? ¿Cuál fue el lugar donde su alma quedó marcada? Es interesante que luego de atravesar por situaciones tristes, el hombre trata de huir lo más rápido posible del lugar de los hechos, tratando de lograr olvidar lo que sucedió y de borrar el dolor experimentado. Sin embargo, la basura debajo de la alfombra, tarde o temprano, da mal olor.

Dios le reitera la pregunta: «¿Dónde perdió su hacha?» Llama la atención notar que el hombre de la historia le mostró el lugar exacto. Inmediatamente el profeta tomó un trozo de madera y lo arrojó al agua. De manera milagrosa, el hacha, un elemento tan pesado como el hierro, flotó.

Hace algunos años atrás otros trozos de madera fueron unidos en forma de cruz. En esa cruz Jesús entregó su vida para pagar nuestra deuda y sanarnos de nuestro dolor.

El madero de la cruz tiene poder para cargar con el peso de nuestros dolores que se hallan en las profundidades de nuestro pasado.

La deuda ha sido pagada, pero para salir de nuestras propias cárceles necesitamos pasar por «el valle del perdón». La única manera de ser libres del dolor es soltando a los que nos adeudan. Sea valiente y tome la decisión.

CAPÍTULO 7
La autoestima

«La confianza en sí mismo es el primer secreto del éxito» —Emerson.

«Los hombres han nacido para triunfar, no para fracasar» —Henry Thoreau.

¿Qué es la autoestima? Diremos en primer lugar que la estima es el aprecio y consideración que se da a una determinada cosa. El prefijo «auto» significa «propio» o «por uno mismo». Entonces hablar de «autoestima» es de alguna manera referirnos al valor que la propia persona se confiere a sí misma. En palabras más sencillas, ¿qué precio diría que tiene su vida?

Generalmente se piensa en la importancia de que los que están a nuestro alrededor nos valoren, y nos sentimos defraudados cuando los gobernantes, amigos o familiares nos fallan, pero el mayor problema es cuando por diversas situaciones hemos caído en el error de no valorarnos y respetarnos a nosotros mismos.

La persona que no se quiere a sí misma sentirá cómo la vida se le escapa de las manos sin lograr concretar ningún sueño. La Biblia nos habla de que cada ser humano tiene un valor, y que se debe de tener en claro cuál es ese valor para no caer en el desliz de sobrevaluarse a sí mismo. Pero, por diversas razones y quizás malinterpretando el concepto de humildad, el llamarse cristiano estuvo ligado con el pensamiento: «No somos nada», equivalente a decir que no servimos para nada. «Somos polvo», «el único grande es el Señor» y otras afirmaciones, contribuyeron a exagerar la baja condición del ser humano llegando a nuestra degradación.

Hace algunos años atrás una tira cómica representaba a un hombre que día tras día en diferentes circunstancias se decía: «Yo me amo», y luego llevando sus manos a la cara hacía movimientos que daban a entender que se felicitaba y se besaba a sí mismo. Este cómico se llamó Pepe Biondi, fue uno de los humoristas más sanos que ha dado la Argentina. Hace un tiempo él falleció, pero su humor es recordado como un modelo para la nueva generación. Al final de su vida logró experimentar un encuentro personal con Jesús que transformó sus últimos días y lo preparó para la eternidad. Lo cierto es que este humorista exageraba en su tira el amor por uno mismo. Sin caer en un exceso, creo que nos ayudaría mucho si alguna de estas mañana al levantarnos y mirar nuestro rostro en el espejo nos dijéramos palabras como: «¡Buen día campeón! ¡Qué tremendo día tendré hoy ya que Dios ha puesto todos sus recursos en mi interior! ¡Hoy será un día espléndido. Imposible fallar».

Dios le entrega vida y oportunidades, ¿qué hará?

La vida es un gran desafío, es un camino marcado por días maravillosos e imborrables, como así también por días difíciles y de los cuales rápidamente nos queremos olvidar.

El libro de Eclesiastés dice: «Todo tiene su tiempo, y todo lo que se quiere debajo del cielo tiene su hora» (3:1). Dios le entrega a cada persona dos maravillosos regalos, tiempo y ocasión, quiere decir que en un momento determinado de la existencia del ser humano estas dos realidades se cruzan. Dios le otorga *vida* y *oportuni-*

dades. En ese instante el hombre decide, permanece inmóvil por considerarse incapaz de afrontar el desafío o avanza confiado sabiendo que para crecer siempre es necesario arriesgarse.

El problema es que el líder con una autoestima baja generalmente se sentirá incapaz de afrontar el desafío, y así como la oportunidad se presentó, así también la dejará esfumar. Decíamos que el hombre cuenta con dos regalos, vida y oportunidad, estas realidades las comparamos con dos líneas. Estas líneas no son paralelas, sino perpendiculares, quiere decir que en punto se cruzan y si no sabemos aprovechar el momento de intersección, irremediablemente estas luego se separarán y nos habremos quedado afuera.

Un refrán popular dice: «Las oportunidades vienen lentas como tortugas, pero se escapan rápido como liebres». El líder necesita avizorar las oportunidades y aprovecharlas.

No obstante, las inseguridades del pasado no me permitirán tomar las decisiones correctas, y lo nuevo representará mayor carga. Creo que no puedo, mis habilidades se alinean en esa perspectiva, mis emociones se saturan de viejos fracasos y como resultado termino convenciéndome de que *no puedo*.

«Un optimista ve una oportunidad en toda calamidad, un pesimista ve una calamidad en toda oportunidad», expresó Winston Churchill.

Para algunos, la vida está llena de oportunidades, mientras que para otros está llena de problemas. ¿Qué ve en su vida, oportunidades o problemas?

Conocer nuestras virtudes así como también nuestras limitaciones nos permitirá no equivocarnos a la hora de aceptar los nuevos desafíos. Cuando un hombre no se conoce a sí mismo, transitará un sinuoso camino lleno de dificultades. Comenzará teniendo una realidad distorsionada. No estará completamente consciente del entorno que le rodea. Se sentirá desvalorizado por los demás, se verá poco competente frente a la tarea, se considerará poco respetado por el entorno y esto lo llevará a sufrir serios complejos.

Según Branden, la autoestima es el resultado de una combinación, la capacidad de sentirse competente y de poder valorarse. La autoestima es una persona con nombre y apellido, su nombre de pila es *seguridad en mí mismo*, y su apellido responde a *respeto por mí mismo*.

Sin estos dos elementos nunca podré ser un líder competente. Lo peor de todo esto es que la persona no está consciente de sus reacciones, porque en verdad se tratan de procesos que vienen desarrollándose desde la niñez y por lo general se dan de forma inconsciente. Desde pequeño, el individuo construye su personalidad y de esta forma desarrolla los pilares que le permitirán llegar a ser una persona segura de lo que puede dar y segura de su valor.

Cuando por alguna razón esta área fue afectada en la niñez, el individuo experimentará graves fallas en su personalidad que producirán un corto circuito. Por ejemplo, cuando en una casa se origina algún desperfecto eléctrico, si contamos con un interruptor, este se activará e inmediatamente se cortará la luz. Hasta no encontrar el origen del problema será inútil tratar de recuperar la energía. De la misma forma hasta no reparar la falla en nuestra personalidad se interrumpirá el suministro de energía en nuestra vida.

Autoestima baja, problemas en el liderazgo

A continuación veremos algunas de las dificultades ocasionadas por una autoestima baja:

La estimación deficiente hará que proyecte sus debilidades en los demás.

Continuamente se ven los errores de los demás y ante la más mínima oportunidad se trata de descalificarlos. Al no sentirse capaz en sí mismo, necesitará afirmar que las demás personas son menos que él para de esta forma asegurar su valor. Se generan los problemas de concepto. Por tal motivo, la Biblia nos advierte: «*Nadie tenga un concepto de sí más alto que el que debe tener, sino más bien piense de sí mismo con moderación*» (Romanos 12:3 NVI). Se piensa que los colaboradores no sirven y se invierte mucha energía en sabotearlos.

Bajo el título «El engranaje de velocidad sería el culpable de la caída de un avión que mató a un senador», el ejemplar del 29 de abril de 1992 del *Chicago Tribune* informaba: «El engranaje estropeado de los controles por computación de la hélice de un avión, causó su caída a pique en los bosques de Georgia el último abril; murieron el senador de los Estados Unidos, John Tower de Texas y otras veintidós personas».

Un engranaje que ajustaba el montaje izquierdo de la hélice estaba levemente deslizado por una parte opuesta con una cobertura mayor del titanio, dijo la Junta Nacional de Seguridad del Transporte. «Actuó como una lima, y con el tiempo gastó el diente que controlaba la hélice», informaron.

Tal como la cobertura de titanio, que desgastó el engranaje más suave que estaba ligado a ella, así un líder puede desgastar la estima de sus discípulos haciéndoles caer en picada. El líder está para hacer que otros levanten vuelo, no para derribarlos.

La estimación deficiente hará que no permita que se desarrollen sus seguidores.

Son ese tipo de personas que concentran todo en ellas mismas y hablan de trabajar en equipo, pero en la práctica no lo implementan por temor a pasar a un segundo plano y así perder el protagonismo.

De alguna manera esta persona cree que todo debe ser hecho por el líder y no por sus seguidores. De esta forma no se permite que la gente se desarrolle y crezca, es sabido que para que otros progresen, en ciertas ocasiones, el líder debe hacerse a un lado. Allí se producirán los espacios vacíos para que otros asuman el protagonismo. Cuando un líder por algún imprevisto tiene que faltar a cierta actividad, esta es la ocasión propicia para que otros asuman el liderazgo. Por esta razón Jesús, hablando de su partida, se anticipó a sus discípulos diciéndoles: «Os conviene que yo me vaya».

Hasta ese momento los apóstoles vivían pegados a su maestro y él se encargaba de predicar el evangelio, sanar a los enfermos, alimentar a multitudes hambrientas, exhortar a los religiosos, proveer de ánimo a los abatidos; pero a partir de ahora los discípulos debían tomar su lugar y ser ellos los protagonistas. Pero, ¿se imagina tratar de predicar un sermón en presencia de Jesús, el gran Maestro? ¿Cómo se sentiría usted? Eso mismo sentían los discípulos. Por tal motivo el Señor les dijo: «Yo me voy, ahora les toca a ustedes y les aseguro que será maravilloso».

A veces creo que de forma premeditada Dios permite que el líder desaparezca para que otros se desarrollen. Luego, tanto el líder como su equipo son asombrados por los resultados. Recuerde por un instante alguna vez en que usted tuvo que ausentarse y otros debieron suplir su presencia. Particularmente me sucedió, y en las primeras oportunidades estuve todo el tiempo inquieto por saber cuál había sido el resultado. Para mi sorpresa al llegar y preguntar me respondieron: «Pastor estuvo tremendo, no se notó su ausencia, si tiene que volver a viajar vaya tranquilo». Si usted no está preparado le digo que lo primero que experimentará será un golpe a su ego: «¿Cómo que no se notó mi ausencia?» Pero si usted es un líder maduro se alegrará de haber formado un equipo competente que pueda funcionar siempre y especialmente cuando usted no está presente. Es más, tendrá la tranquilidad de prolongar sus vacaciones sabiendo que su trabajo marcha de forma excelente.

Cuando los integrantes del equipo crecen, todos los que lo componen resultan beneficiados, incluyendo a la cabeza de ese equipo; pero un bajo concepto de uno mismo no admite que otros se desarrollen.

Cuenta la historia que en cierta oportunidad dos hombres pasaron cerca de un cementerio. La conversación estaba centrada en que uno de ellos estaba completamente exhausto por la cantidad de trabajo, ante lo cual el otro le aconsejaba tomarse un descanso.

—No puedo —respondió—. Si yo no ocupo de esto nadie lo hará.

Mirándolo su amigo le replicó:

—Este cementerio está lleno de gente que se consideraba imprescindible. Ellos ya no están y el mundo todavía no se dio cuenta.

El líder que se considera imprescindible alimenta la imagen de que él es el mejor. Es el medio por el cual de forma errónea eleva su autoestima. Solo así logra sentirse competente y adquiere el sentimiento tan anhelado: ser valorado.

La estimación deficiente necesita la continua aprobación.

Todos necesitamos sentirnos amados y valorados, pero la inseguridad en la vida afectiva de esta persona le privará de corregir cuando sea necesario, ya que tendrá temor de que la cuota de cariño que tanto necesita decrezca. No puede enfrentar un desacuerdo ya que este puede interferir en la estima de los que le rodean, por lo tanto busca mantener siempre la ecuanimidad con todos. Un líder así no llegará a ninguna parte, se supone que él debe de guiar a otros y en ese proceso esta involucrada la corrección. La corrección es sinónimo de amor, cuando corrijo amo, así lo dice la Biblia: «El padre que ama su hijo de temprano lo corrige» (Proverbios 13:24).

La estimación deficiente producirá celos ministeriales.

Se levanta un espíritu de desconfianza que se respira en el ambiente. No hay transparencia para comunicar las ideas por temor a que otros se las roben y no le otorguen el crédito. Además, el único merecedor de elogios por los logros obtenidos es el propio líder, dejando a su equipo sin ningún tipo de reconocimiento.

Piensa: *Si los halago por sus logros corro el riesgo de que piensen que realmente son buenos y hasta pueden llegar a pensar que son mejores que yo y dejarán de necesitarme, mejor no les digo nada.*

Este tipo de personas inflan su ego para de alguna manera sentirse poderosos y compensar su falta de aprecio propio.

En ese ambiente difícilmente habrá progresos y lo único que crecerá será la sensación de inseguridad. La desconfianza en la relación de liderazgo carcome los cimientos de la relación hasta acabar destruyendo la misma. Un liderazgo basado en la desconfianza se desmoronará.

En la relación líder-discípulo se necesita de total franqueza. Se deberá poder opinar de forma distinta a los demás, especialmente a la del líder, sin tener temor a las venganzas. En toda relación, para que haya crecimiento, se realizan los ajustes necesarios en la marcha.

La estimación deficiente no permite el fácil reconocimiento de los errores.

Este episodio fue protagonizado por un predicador. Se encontraba en un auditorio colmado de personas y se hallaba muy compenetrado en su mensaje. Los oyentes asentían con su cabeza a cada punto de su prédica y sus rostros expresaban asombro y admiración por tan elocuente disertación. Esto quizás lo entusiasmó a tal punto de sentirse plenamente seguro y convencido de sus afirmaciones. El ambiente había llegado a su clímax cuando él comenzó a relatar el paso de Jesús por la ciudad de Jericó. El predicador señaló con total convicción:

—Se hallaba Jesús pasando por la ciudad de Jericó cuando por un instante alzó su vista y vio a un hombre subido a un árbol sicómoro. Inmediatamente y sin titubear el Señor levantó su voz y dijo: "Nicodemo: ¡Baja del árbol!"

Sobre la plataforma, detrás del predicador, se hallaban sentados otros pastores. Al escuchar tal afirmación uno de ellos le susurró:

—Es Zaqueo.

El predicador hizo oído sordo y continuó:

—Nicodemo, hoy es tu día, escúchame.

El pastor se acomodó sobre su silla y creyendo que no lo había escuchado, insistió:

—Es Zaqueo.

Con mayor énfasis el predicador gritó:

—¡Nicodemo baja! Hoy es necesario que pose en tu casa.

La situación se estaba poniendo más tensa. Ya el público notaba que algo andaba mal. Desde atrás al unísono sonó:

—¡No es Nicodemo, es Zaqueo!

A esta altura nada parecía detener al efusivo predicador, sin embargo la concurrencia estaba en un profundo silencio y todas las miradas se clavaron en él como esperando una respuesta acertada a la situación. En ese instante, dando cátedra de sus dotes de predicador-actor, continuó dramatizando la escena diciendo:

—Nicodemo, ¿qué está ocurriendo contigo? Dime, ¿qué estás haciendo en el árbol de Zaqueo? ¡Bájate ya, ese árbol le pertenece a Zaqueo!

¡Cuánto nos cuesta reconocer nuestros errores y especialmente cuando los mismos quedan al descubierto de otras personas! Particularmente creo que no nos duele tanto fracasar como el hecho «de que otros nos vean fracasar». Cuando un estudiante se halla en la escuela cursando sus estudios no hay peor cosa que luego de un examen el profesor aparezca con las notas y entonces delante de todos exprese la calificación en voz alta. Una cosa es saber que saqué un dos y otra muy distinta es que todos se enteren que saqué un dos. ¡Cuánta vergüenza experimentamos!

El aceptar las faltas es una tarea difícil, es mucho más fácil acomodar las circunstancias haciendo a otros responsables del error.

El sentido de seguridad y aprecio, ya lo hemos dicho, se construye desde la niñez. Los padres se constituyen en el elemento imprescindible en este sentido. Cuando un niño percibe el aprecio y la valoración en estricta relación con sus logros, crecerá buscando no equivocarse nunca. Sin embargo, la vida se construye de ensayo-error, ¿cómo se hará entonces para subsistir? El individuo no reconocerá sus fallas y de alguna manera buscará a quién hacer responsable de las mismas. De esta forma se alejará la sensación de incompetencia generada por los errores. Esta tendencia arruina el proceso de crecimiento en el líder y mata la relación con sus seguidores, porque seguramente en más de una vez ellos deberán ser los chivos expiatorios de los errores de su líder.

Exponiendo nuestro ser interior a la obra del Espíritu Santo

A esta altura debería preguntarse: «¿Realmente me conozco a mí mismo?». ¿Cuántos fracasos podría evitar si dedicara tiempo a conocer esa respuesta?

Es sumamente complejo encontrar los propios errores, y más doloroso aún reconocerlos. Cicerón expresó: «Todos los hombres pueden caer en un error; pero solo los necios perseveran en él». A lo cual San Agustín agregó: «Errar es humano; perseverar en el error es diabólico».

Si no se detiene a sanar su autoestima, no llegará muy lejos en su liderazgo. Es imprescindible hallar las grietas por donde se está escapando el sueño de Dios para su vida.

El Salmo 19:12 dice: «*¿Quién podrá entender sus propios errores? Líbrame de los que me son ocultos*». Dios ha soñado con usted y por medio de su Espíritu él le revelará las áreas sensibles que deberá someter al trabajo del «Divino Alfarero».

Leí un artículo que hacía mención del grave problema al que se enfrentan las naciones que durante un tiempo estuvieron sometidas bajo el poder de la guerra. Cuando esta acaba, sencillamente comienza otro grave problema: «Hallar las bombas que no han detonado». Muchas de ellas son halladas de manera casual y aparecen en los lugares impensables. Los desprevenidos transeúntes son sorprendidos por su explosión. Cientos de toneladas de explosivos fueron recuperados luego de finalizada la Segunda Guerra Mundial. Muchas de esas bombas mataron niños inocentes, hombres y mujeres. «Las bombas sin explotar se transforman en mucho más peligrosas con el tiempo. Con la corrosión dentro, el arma se transforma en más inestable, y el detonador puede quedar expuesto».

Una autoestima baja será como una bomba enterrada en nuestro subconsciente. Explotará en el momento menos pensado y hará trizas el sueño de Dios. ¡Permita que Dios sane sus heridas!

¡Solo un corazón sano puede ensancharse para creer el sueño de Dios! Solo afectando mi mundo interior cambio el mundo exterior.

Dentro suyo están las verdaderas **«Derrotas»**

Dentro suyo está la verdadera **«Pobreza»**

Dentro suyo se encuentran los verdaderos **«Fracasos»**

Pero, también dentro suyo se encuentran las verdaderas **«Victorias»** y los verdaderos **«Éxitos»**

Cuando vence dentro suyo, entonces tendrá victoria fuera de usted.

En 2 de Corintios 4:7-9 leemos: «*Pero tenemos este tesoro en vasos de barro ... que estamos atribulados en todo, mas no angus-*

tiados; en apuros, mas no desesperados; perseguidos, mas no de-
samparados; derribados, pero no destruidos».

Dios lo llamó para que sea un líder exitoso

El libro de Josué nos relata cómo el pueblo de Israel dirigido
por su líder va tomando posesión de la tierra que Dios les había
prometido. En el relato se percibe el entusiasmo y valor que el
pueblo poseía.

Dios había tenido un sueño con su pueblo, Israel había sido llamado para ser rey en su tierra. Sin embargo, cuando avanzamos en
la lectura y llegamos al libro de Jueces, nos encontramos con una
realidad totalmente diferente: Israel vivía en cuevas.

La tierra estaba habitada por enemigos y esto provocó que Israel terminase viviendo en cuevas. Mientras el pueblo de Dios ha-
bite en «cuevas», el reino de Dios no puede venir a la tierra.

Dios no lo llamó a vivir en una cueva. Jesús no murió en la cruz
para que pase su vida dentro de una cueva. Pues bien, ¿por qué
muchas veces vivimos en cuevas? Hay muchas razones, pero una
de ellas es la que mantiene a la mayor cantidad de líderes allí: la
subestimación.

Viviendo en la cueva de la subestimación

El mundo plantea ideales y todo lo que sea diferente a los mismos sufre discriminación. Existe la discriminación por edad, color
de piel, nivel intelectual y una marcada exclusión a aquel que físicamente no responde a los estándares estipulados. Los jóvenes
modelos de las pasarelas imponen la moda. Esto muchas veces
despierta en aquellas personas que los observan una lucha desen-
frenada por llegar a ser como ellos. Hoy en día es muy común escuchar hablar de dos enfermedades que años atrás ni se sabía de su
existencia y que tanto daño ocasionan a nuestra sociedad, estas
son la bulimia y la anorexia. Las jóvenes se ven especialmente
afectadas por este tipo de padecimientos. En las escuelas secunda-
rias es frecuente encontrarse con cuadros de este tipo, chicas que

caen desplomadas al piso debido a su mala alimentación. Esto provoca serios problemas de salud pero también enferma psicológicamente. Se comienza a debilitar la personalidad y se desmorona la integridad del individuo. Una de las peores consecuencias es el rechazo que se experimenta frente a uno mismo, nos miramos y no nos aceptamos. Se vive pendiente de la imagen, de cómo nos ven los demás, y la valorización como persona está directamente ligada a la aceptación o negación del entorno.

Por tal motivo hoy en día se concentra gran parte de energía en el cuidado del cuerpo y de la imagen. Más que nunca están en auge las operaciones estéticas, pero la cirugía estética no asegura la autoestima. Cito a continuación un artículo escrito por Sebastián Ríos, para el diario La Nación:

«Un estudio encontró desórdenes psiquiátricos en mujeres sometidas a implantes mamarios. Sobre tres mil quinientos veintiún pacientes, se halló el triple de suicidios entre las intervenidas».

Después de los consultorios de los siquiatras y sicólogos, el que más pacientes con problemas sicológicos recibe es el cirujano plástico», asegura el doctor José Juri, profesor de cirugía plástica de la Universidad de Buenos Aires (UBA). Juri comentó así un reciente estudio en el que demostró que las mujeres que se implantan prótesis mamarias presentan un riesgo tres veces mayor de cometer suicidio que aquellas que no concurren a esa intervención.

El implante de prótesis mamarias con el fin de aumentar el volumen del busto es una de las operaciones de cirugía estética más requeridas por las mujeres de todo el mundo. En la Argentina, se estima que se realizan aproximadamente mil quinientas por año.

«Muchas personas, cuando están angustiadas y no saben como canalizar esa angustia, acuden al cirujano plástico para ver si con una cirugía pueden encontrarse mejor, valorarse más y aumentar la autoestima», comentó el doctor Juri. «Pero la autoestima es algo más profundo, que no pasa por el volumen de los senos o el tamaño de la nariz».

Los cambios exteriores no mejoran los problemas internos. Líder, ¿cómo se ve tanto física como intelectualmente? Los israelitas se veían muy por debajo de sus enemigos. La cueva no es exactamente un hotel cinco estrellas. Es un sitio húmedo, frío, sin luz natural y hasta mal oliente.

En la cueva también se desarrolla un lenguaje muy especial. ¿Se imagina cuál era la conversación que tendrían los israelitas viviendo en las cuevas? Se encontraban rodeados por sus enemigos, los madianitas, estos incursionaban en el territorio apropiándose de sus tierras y de sus pertenencias. ¿Qué dirían? Creo que era el lugar de la queja y del lamento.

La resignación era el lenguaje de la cueva:

«No se puede, imposible vencer a esta gente, son más fuertes que nosotros».

«No tenemos los recursos suficientes, no contamos con los medio y las facilidades que ellos poseen».

«No contamos con los conocimientos o habilidades para enfrentar esta situación».

Cada pensamiento es antepuesto por una corta pero muy efectiva palabra: No. ¡Cuánto poder y frustración pueden encerrar la combinación de dos letras! Nos quedamos paralizados. Los recursos a nuestra disposición quedan anulados.

El lenguaje de la cueva es oscuro, en el mundo que nos rodea se utiliza este tipo de comunicación. La gente dice: «¡Qué difícil está todo!». Y nosotros terminamos haciéndonos eco de tales palabras. Se nos pegan las palabras y las actitudes derrotistas. Siempre resulta más fácil hacer lo que todos hacen que intentar encontrar otro camino. Un refrán muy argentino dice: «¿Dónde va Vicente? Donde va la gente».

A la persona que se atreve, a pesar de los pronósticos pesimistas, a pensar y vivir de manera diferente, se le observa de manera extraña y se le cataloga como que «vive de ilusiones». Eso era exactamente lo que Dios había considerado para su pueblo y lo que Dios soñó para su vida. Líder, ¡Dios quiere que triunfe!

Ahora bien no es problema para Dios si por alguna razón se encuentra recluido en una cueva, el tema es que se aventure a salir de ella. ¡Tiene que atreverse a salir!

Jesús murió para darle una nueva identidad.

Para que sepa que es su hijo amado.

Para que sienta que es un hijo victorioso.

Para que crea que él ha puesto dentro de usted de su presencia, y esta será la fuente de todos sus recursos.

Comience a pensar y a confesar:

«Todo lo puedo en Cristo que me fortalece».

«Todo lo sé en Cristo que me da sabiduría».

«Todo lo tengo en Cristo que me provee».

¡Deje de menospreciarse!

Aceptándonos tal cual somos

En otro sentido también es importante comprender qué cosas podemos realizar y qué cosas no podemos llevar a cabo. Necesitamos admitir nuestras limitaciones. No conocer y aceptar nuestras limitaciones también responde a un problema de autoestima.

Hay momentos en la vida en que pensamos que podemos llevarnos todo por delante y nos creemos los superhéroes de nuestra propia historieta.

Admitir nuestra limitación es reconocer que no somos dioses, sino criaturas. En el libro de Génesis la tentación llegó al hombre intentándolo convencer de que si comía del fruto prohibido, él podría llegar a convertirse en Dios. Cuando creo que soy dios entro en un estado de lucha por ser lo que nunca podré ser. Esta reacción es una de las causales de una enfermedad social muy difundida en nuestra época: el estrés.

El estrés es el fruto de creer que todo lo puedo lograr. Es querer ser más de lo que somos, luchar por hacer más de lo que podemos hacer.

¿Se puede luchar con Dios? Jacob luchó con Dios.

¿Qué es pelear con Dios? Es cuando no termino de rendirme. Acepté a Cristo en mi corazón, pero día a día peleo por vivir la vida a mi manera.

Uno de los motivos del estrés es luchar con Dios. Luchar con sus planes, no entregarme a su voluntad, a sus designios, a su Palabra, a lo que él quiere hacer conmigo. Es la persona que sigue dando órdenes, interfiriendo en los planes de Dios, el que cree que todo lo puede hacer y está en una constante lucha hasta angustiar su corazón. El luchar con Dios trae angustia en el alma, depresión, porque no admitimos que él es Dios y que yo soy barro en sus manos, criatura en sus manos. Esto representa un gran cansancio emocional y psíquico.

Visitamos el consultorio médico y le contamos los síntomas. Él mismo nos revisa y termina atribuyendo como causa de la enfermedad al estrés.

«Usted tiene estrés. Se le cae el pelo por el estrés. Trastornos estomacales a causa del estrés. Problemas musculares debido al estrés. Manchas en la piel originadas por el estrés». Estrés, estrés, estrés, la palabra del momento.

Esto es consecuencia de la alta tensión con la que vivimos hoy en día, del grado de competencia al que somos expuestos y de querer parecernos a los modelos que la sociedad nos presenta.

Muchas veces podemos estar luchando con Dios sin saberlo, hasta que en un determinado momento toco fondo y termino en «la cueva».

No somos ni seremos Dios, y si lo queremos intentar terminaremos como terminó Satanás.

Él comenzó bien, Dios lo vistió de inteligencia y dones, pero en un momento él se creyó Dios y allí fue arrojado del cielo.

Todo aquel que quiera seguir luchando para demostrar que es Dios, termina como Satanás, arrojado en luchas y en tremendas tribulaciones.

Muchas veces aceptamos intelectualmente la realidad de que no somos Dios, pero no lo aceptamos emocionalmente.

Todos sabemos conceptualmente que no somos Dios, porque nos cansamos, tenemos necesidades, momentos en que nos sorprende el hambre y la sed; pero emocionalmente no terminamos de convencernos. Lamentablemente nuestras reacciones dan crédito de esto. ¿Cómo reacciona frente a sus límites, cuándo se da cuenta de que no puede, que no debe, que no es su momento, que no es su hora, que no es para usted?

¿Qué es lo que sucede cuando me doy cuenta de que no tengo las características que otros poseen? Luchamos por querer tener la nariz más pequeña, la oreja un poco más grande, ser más altos, tener tal o cual color de ojos.

¿Qué sentimos cuando nos damos cuenta de que no somos todo lo inteligentes que quisiéramos ser? Respondemos con enojo, con competencias, con celos, respondemos con *autocompasión*.

Necesitamos dejar de luchar.

Me contaron un episodio que sucedió en la playa. Se encontraba un salvavidas junto con un amigo, ambos mirando hacia el mar. Súbitamente una persona comenzó a pedir auxilio, se estaba ahogando. El amigo lo miró esperando una respuesta rápida frente a lo que estaba sucediendo, pero para su sorpresa, el salvavidas no hizo nada. Pasaron unos minutos que parecieron siglos hasta que la mano que pedía socorro comenzó a hundirse. En ese mismo instante el salvavidas comenzó a correr y se tiró al mar rescatando a la víctima.

Más tarde, luego que la situación se calmó, el salvavidas se encontró con su amigo y le preguntó:

—¿Qué te pareció mi rescate?

A lo que el amigo le respondió:

—Una locura. ¿Qué quisiste demostrar? ¿Tu estado físico? ¿Qué necesidad había de esperar hasta último momento?

Sonriendo su amigo le respondió:

—Para poder rescatarlo, sin que corriera riesgo su vida y la mía, yo necesité esperar a que él se cansara, que se agotara. Para que un rescate salga con éxito yo preciso que el que se está hundiendo deje de «hacer» para que entonces yo pueda «hacer por él». De lo contrario, nos hundimos los dos. Tengo que esperar a que se entregue y deje de luchar con sus propias fuerzas para que entonces sean mis fuerzas las que operen en él.

Hasta que no nos rindamos Dios no puede actuar sobre nuestra vida, el propósito de Dios logra desarrollarse cuando me rindo, cuando me entrego, cuando dejo de luchar.

¡Necesita aceptar las características y los dones que Dios le entregó y comenzar a desarrollarlos!

No entierre lo que Dios le dio

La Biblia nos cuenta la historia de un hombre de negocios el cual por un tiempo se iba a ausentar de sus labores. Antes de irse él llama a todos sus siervos y comienza a entregarle diferentes talentos y dones para que durante su ausencia ellos se pusieran a trabajar. ¿Qué haría usted con esos dones? ¿Cómo trabajaría con ellos?

Veremos juntos unas últimas consideraciones para que piense y reflexione:

Todos hemos sido llamados. Dios lo escogió y ha diseñado un plan para su vida. Toda su existencia encaja exactamente en el propósito que él diseñó para usted. Dios no llama a algunos y a otros no. Dios llama a todos sus siervos. Fuera de su plan nunca se encontrará realizado. Su ser entero responde al llamado de Dios.

Todos tenemos algo de Dios. Ninguna persona lo tiene todo pero todos tenemos algo que Dios nos entregó. Frente a esto, ¿qué hará? ¿Se hundirá en la subestimación comparándose continuamente con otros y nunca reconociendo y desarrollando lo que Dios le otorgó? ¿Vivirá como el avestruz, escondiendo su cabeza en la tierra?

¿Por qué le teme al éxito? Deje que lo que Dios le dio se exprese. No lo retenga más.

Él nunca le va a pedir algo que antes no le haya entregado. Las circunstancias que se le presentan están hechas a su medida. Ya Dios le trazó una meta al haberle entregado sus talentos. ¡Vamos, vaya hacia delante!

Dios le da para que lo multiplique. En el relato bíblico cuando el tiempo transcurrió, el dueño regresó y comenzó a ver cómo sus siervos habían trabajado en sus negocios.

Dios ha puesto en usted sus dones, llegará el día en que él regresará para ver qué hizo con lo que le entregó. Piense por un momento en la eternidad cuando esté frente a su Señor. Este es el día más anhelado por los que le amamos. Pero por un instante imagínese en los brazos de su dulce Salvador y escuche su voz diciendo:

«Hijo, por un instante permíteme mostrarte una película de lo que podría haber sido tu vida si tan solo hubieras multiplicado lo que yo te di».

Y en ese momento comenzaran a pasar diferente escenas donde vería lo feliz que podría haber sido si tan solo hubiera confiado en él y se hubiera lanzado a cumplir su llamado.

Líder, esta es su oportunidad, no permita que el tiempo siga transcurriendo sin que logre sacar lo que Dios ha puesto dentro de usted. Dios le dio para que lo multiplique.

¡No entierre lo que Dios le entregó!

CAPÍTULO 8
Restauración de la identidad

«Las mejores obras de arte son la expresión de la lucha del hombre por liberarse de su condición» —Henry Thoreau.

«Por tanto, nosotros todos, mirando a cara descubierta como en un espejo la gloria del Señor, somos transformados de gloria en gloria en la misma imagen, como por el Espíritu del Señor» —2 Corintios 3:18.

¡Qué maravilloso es comprender que Dios sigue trabajando en nosotros! ¡Él aún no ha finalizado su obra maestra!

Un hombre se hallaba en un concurso de pintura. Colocó cuidadosamente su lienzo ante la mirada atenta tanto del jurado como del público presente y con suma seguridad, dando muestra de que sabía lo que estaba haciendo, realizó sus primeros trazos. No se comprendía mucho aún, pero estas eran las primeras pinceladas. Sin embargo el tiempo fue transcurriendo y aparentemente este hombre estaba finalizando su trabajo. Para sorpresa de todo el auditorio, su dibujo no era descifrable, cuando de repente tomó su cuadro y le dio un giro dándole vuelta por completo. En ese momento los espectadores irrumpieron con una gran ovación, ya que el paisaje plasmado era sencillamente maravilloso, una verdadera obra de arte.

¡Cuántas veces nos resulta imposible comprender el sentido de las pinceladas del Señor en nuestras vidas! Déjeme tranquilizarle, Dios ya tiene el cuadro terminado en mente. Nosotros vemos en parte, pero él tiene un plan perfecto. Simplemente hay que abandonarse en sus manos.

Dios tiene un objetivo, y para alcanzarlo debes atravesar por un proceso, solo así llegarás a ser un líder efectivo. Acertadamente Job expresó: «*Recuerda que tú me modelaste, como al barro*» (Job 10:9, NVI).

Y con mucha sabiduría Isaías pronunció: «*Ahora pues, Jehová, tú eres nuestro padre; nosotros barro, y tú el que nos formaste; así que obra de tus manos somos todos nosotros*» (Isaías 64:8).

Matthew Henry, el famosos comentarista bíblico, hizo el siguiente comentario sobre este versículo: «Aquí se apela a la relación que tienen con Jehová como su Dios y le imploran humildemente: Ahora, pues Jehová, tú eres nuestro padre. Necios y negligentes cuales somos, pobres y despreciados de nuestros enemigos, todavía, con todo, tú eres nuestro padre; a ti por tanto, volvemos en nuestro arrepentimiento. Dios es su Padre, pues les dio el ser y los formó como pueblo moldeándoles según la figura que le plugo. Nosotros somos el barro, y tú nuestro alfarero; por consiguiente, esperamos que tú, que nos hiciste y formaste, nos rehagas y reformes. Aun cuando nos hemos deshecho y deformado a nosotros mismos: somos como suciedad (v. 6), pero obra de tus manos somos todos nosotros; por tanto no desampares «*la obra de tus manos*» (Salmo 138:8). Somos tu pueblo «*y ¿no consultará el pueblo a su Dios?*» (Isaías 8:19). Somos tuyos, ¡sálvanos! (Salmo 119:94)».

Señor, apelamos a nuestra relación, ¡por favor no nos abandones, sigue transformándonos por medio de tu Santo Espíritu, hasta que tu gloria se refleje en nuestras vidas! Y así volvamos a ser hechos a tu imagen y semejanza y encontremos en ti nuestra verdadera y única identidad.

¿Cómo puede cambiar? ¿Qué cosa debe comprender para convertirse en el bendecido líder de Dios? ¿Qué quiere Dios hacer con usted?

Dios anhela cambiar su domicilio

¡Múdese de dirección!

El versículo de Hebreos 6:14 contiene una tremenda promesa: «*De cierto te bendeciré con abundancia y te multiplicaré grandemente*». Es extraordinario recibir la palabra de Dios, ya que la misma me señala lo que Dios anhela realizar conmigo y llega a ser la luz que dirige mi camino.

Esta palabra fue dada a Abraham. Él era de nacionalidad judía. Es interesante observar que Gálatas 3:14 dice: «*Para que en Cristo Jesús la bendición de Abraham alcanzase a los gentiles, a fin de que por la fe recibiésemos la promesa del Espíritu*». En otras palabras, ¡ya no necesito ser judío para ser acreedor de tan preciosa promesa de Dios! Cristo murió para que a los gentiles les alcanzase la promesa de Abraham.

Esto quiere decir que si usted es descendiente de japoneses, chinos, alemanes, rusos, polacos, italianos, españoles; esta promesa es para su vida y le dice que Jesús murió en la cruz para que las promesas que eran exclusivamente para los descendientes naturales, étnicos, de Abraham, lo alcancen a usted y a mí por medio de la fe en Cristo, el Hijo de Dios.

De esta forma no hay diferencia entre razas; cuando usted cree en la muerte de Jesús, entonces puede vivir bajo la sombra de esta tremenda promesa. ¡Esta promesa es para usted!

Comience a creer y a repetirse a usted mismo: «¡Esta promesa es para mí, ciertamente Dios me bendecirá y me multiplicará grandemente!» La bendición será tan extremadamente grande como la fe que posea para recibir lo que Dios quiere darle.

Ahora bien, ¿qué es lo primero que Dios le dice a Abraham? ¿Qué debe hacer para acceder a su promesa y convertirse en la persona que él desea? «Deja tu tierra y tu parentela y vete a la tierra que yo te mostraré». Dios le dijo a Abraham: «Múdate, cambia de dirección». Es necesario que tenga un nuevo lugar de residencia, un nuevo sitio donde vivir. Y para hacerlo realidad, debe abandonar su viejo domicilio. Para tomar lo nuevo hay que desprenderse de lo viejo.

Lo primero que Dios le pide es que se mude de dirección, que haga cambio de domicilio. Él tiene preparado otro lugar de residencia para su vida y su ministerio.

Cada vez que Dios lo desafíe a cosas mayores, él le pedirá que renuncie a aquellas situaciones y pensamientos que no encajan para nada con el flamante abanico de posibilidades que Dios quiere entregarle. Por lo general lo viejo está repleto de eso justamente, de cosas que en un momento fueron pero que ahora no pueden ni deben ser más. Lo viejo puede convertirse en una amenaza para la vida de lo nuevo, pueden frustrar el plan de Dios.

Sin embargo, a veces nos encariñamos con las cosas viejas, a todos nos sucede. Por ejemplo, cuando llegamos a nuestro hogar lo primero que hacemos es ponernos cómodos, todos tenemos esa camiseta que quizás por el paso del tiempo ya está desteñida, es más, si tiene una estampa de algún cantante, el pobre ya está canoso y arrugado, con algún que otro agujero en la espalda, pero para nosotros es la mejor. Hasta nuestra esposa nos dice: «¿No te da vergüenza, con toda la ropa que tienes otra vez con esa camiseta?» Pero es que nos sentimos tan bien, tan cómodos.

También nos suele ocurrir con el calzado. Al llegar a la casa, luego de una larga jornada de intenso trabajo, buscamos esa zapatilla con aire acondicionado incorporado, no porque ya hayan inventado alguna sino porque la nuestra está cubierta de agujeritos. ¡Imagínese, en los días de calor es magnífica!

Aferrarse a lo viejo no permite la entrada de lo nuevo.

Las mujeres son propensas a guardar vajillas, toallas, sábanas y esperan alguna oportunidad especial para usarlas. Lo más común es que al momento de usar el plato o la taza, si es que llega «ese día especial», nos encontremos con la porcelana cuarteada y amarillenta. Lo viejo responde a su naturaleza.

Dios le dice a Abraham: «¿Ansías mi promesa?, entonces debes de dejar de suspirar por lo viejo».

Es preciso mudarse, abandonar viejos sentimientos que lo han mantenido esclavo por tanto tiempo, la sensación de no poder, la impotencia de verse incapacitado para enfrentar los sueños, impresiones de temor, de angustia, de inestabilidad, de «nunca podré vencer en la vida». Además, habrá decisiones significativas que tomar en cuanto a viejos odios, rencores, mal carácter, mentiras, engaños, sentimientos residuales que han querido enfermarle el corazón, así como también pecados que lo han mantenido sometidos a su poder. Indefectiblemente hay que renunciar a ellos para ingresar a la promesa de Dios, debe cambiar de dirección.

Dios le entrega una palabra: «Te bendeciré y multiplicaré grandemente». Pero con pesar he notado que un importante número de personas reciben la promesa, pero esta no llega a cumplirse en sus vidas. ¿Por qué sucede esto? Porque no se preparan para el cumplimiento de la promesa, porque no entran en el proceso de preparación espiritual. ¿Cuál es ese proceso? Mudarse. Haga sus valijas y emprenda la mudanza más maravillosa de su vida. ¡Viva bajo la promesa de bendición de Dios! En Argentina tenemos un dicho popular que reza: «Borrón y cuenta nueva».

Así es, desee la oportunidad de comenzar a edificar su vida en el sitio exacto que Dios diseñó para ella. No hay mejor lugar en la tierra ni más asombroso que él que Dios preparó para usted.

Hay situaciones que golpearán la misma puerta que siempre les abrió, pero si decide mudarse serán sorprendidas con el cambio. No estamos haciendo referencia a un lugar físico, sino una nueva dirección espiritual, para que cuando los viejos rencores vayan a tocarle el timbre para cobrar viejas deudas, se encuentren con que ya usted no vive más allí.

Dios le dijo a Abraham: «Deja tu pasado». Él se encontró con una gran lucha y decidió avanzar, pero lo hizo en parte. Abandonó la tierra, pero se llevó consigo a un sobrino llamado Lot.

Más tarde Dios reanuda su conversación con Abraham y le dice: «Te he dicho que te quiero bendecir, pero aún hay decisiones que debes de tomar, *"Múdate en serio"*».

Lot tenía la misma función de una «venda». Abraham no lograba ver lo que Dios deseaba hacer con él hasta que consiguiera quitarse a Lot de encima. Hay personas que poseen una promesa de Dios pero no logran alcanzarla porque aún mantienen relación con viejos sentimientos. Recuerdo que en una oportunidad luego de finalizar un servicio se acercó a mí una mujer de setenta y cinco años, a primera vista se la veía una señora muy elegante y educada, y me dijo: «Pastor, siento que me he equivocado y Dios me está confrontando a tomar una decisión. No puedo escuchar la Palabra de Dios y seguir viviendo de la misma forma».

Abrió su corazón y continuó diciendo:

«Hace más de treinta y cinco años mantengo una relación sentimental con un hombre. Él me compró el departamento en el cual vivo. En todos estos años se comportó dignamente, nunca me faltó nada, pero él es casado, tiene esposa y también hijos. Nuestra relación comenzó siendo casual, pero el paso del tiempo la fue afianzando. En todos estos años viví una relación paralela, fui su amante. Hoy ambos somos personas mayores, y en realidad lo nuestro ahora se limita a visitas semanales donde tomamos un café, charlamos sobre las cosas de la semana y luego nos despedimos para vernos la semana próxima. Sin embargo, yo siento que Dios me está diciendo que debo cortar con esta situación, tengo que cambiar, debo "mudarme"».

Personalmente valoré mucho su valentía, para ella este hombre era su marido y con él había compartido treinta y cinco años de su existencia. Quizás los años que usted aún no tiene de casado con su esposa, toda una vida. Nunca es tarde cuando la luz del evangelio ilumina nuestra alma y nos lleva a tomar decisiones terminantes.

Para acceder a la promesa de Dios debe abandonar viejos sentimientos y pecados, debe cambiar de dirección. No espere que la promesa se cumpla si no está dispuesto a dar los pasos espirituales para vivir en la dirección de Dios. ¡Múdese!

Dios anhela cambiar su nombre

La segunda cosa que Dios hace para que Abraham reciba la promesa es cambiarle su nombre. Para que este hombre llegase a ser el gran patriarca de Israel debía de operarse una transformación en su identidad.

Primero él se llamó Abram. Este nombre significaba «padre enaltecido». Esto podría experimentarse ante la llegada de los hijos, es ese sentimiento de orgullo que experimentamos los papás al ver como los hijos van creciendo y alcanzando sus propios logros. Pero este no era exactamente el caso de Abram, ya que él no tenía hijos, entonces Dios se acercó y le dijo: «Ya no te llamarás Abram, sino que tu nombre será Abraham, cuyo significado es "padre de muchedumbres", de mucha gente». Con el nuevo nombre, Dios se encargó de imprimir en Abraham una nueva identidad que marcaría un destino diferente al que él poseía hasta ese momento.

Dios le cambia el nombre.

Es interesante notar que en la Biblia, en reiteradas oportunidades, cuando Dios llamó a un hombre operó este tipo de cambio. Así sucedió con Jacob, cuyo nombre significa «el que toma por el calcañar o el que suplanta, el engañador». Durante años la vida entera de Jacob respondió a esa identidad, sin embargo, cuando tiene un encuentro cara a cara con Dios su nombre es cambiado y es llamado «Israel, o el que lucha con Dios».

De la misma forma sucedió con Pedro, el apóstol. El nombre original de Pedro era al parecer Simón, más cuando Jesús lo llama le dice que a partir de ese momento él se llamaría Cefas. El significado del nombre Pedro es piedra tanto en arameo como en griego.

El nombre responde a quienes somos como personas. Para poder tomar el sueño de Dios hay que tomar una nueva identidad.

Es llamativo comprender que los nombres en la Biblia poseen un significado que se relaciona íntimamente con el destino de la persona.

En nuestra generación actual los nombres muchas veces se relacionan con las modas y muy especialmente con las tendencias que marcan las novelas del corazón. Por eso en Argentina hay toda una generación de alrededor de cuarenta años que responde al nombre de Graciela, luego viene otra generación, la de las Mónicas, después las Verónicas y así sucesivamente, en la medida que la moda cambia también lo hacen los nombres.

Antiguamente era mucho peor, las familias religiosas daban el nombre a su hijo según el día del santo en el cual habían nacido. Esto se llevaba acabo observando el almanaque, y de acuerdo al santoral correspondiente, ese era el nombre del recién nacido. De esta forma nos encontramos con nombres muy extraños y extravagantes. Por ejemplo (el que doy es un modelo diseñado por mí, pero si usted tuviera acceso a los santorales vería que no estoy alejado de la realidad, es más, la realidad supera la ficción), un niño nacía el 3 de octubre y ese día se conmemoraba a San Floripondio, entonces el pobre niño no tenía otro remedio que llamarse Floripondio. Imagínese el peso que este niño llevaba sobre sí. Al crecer, Floriponcito iba a la escuela y los amigos lo llamaban para jugar a la pelota: «Flori, acércate, hoy te toca ser delantero». Otros, los que siempre se mofan del resto de los compañeros, seguramente lo llamarían de forma despectiva y burlona como «Flor», nombre correspondiente a una mujer más que a un hombre hecho y derecho. En fin, creo sin exagerar que en más de una oportunidad esto fue motivo de discusiones y peleas.

Al pasar los años me parece que encontró una manera más práctica de responder a la sencilla pregunta: «¿Cuál es tu nombre?». Floripondio solo decía: «Para abreviar, llámame Pepe».

En un momento hizo furor el nombre Alan, muy lindo por cierto, pero el problema surgió cuando la familia Brito lo escogió para su hijo. Sin darse cuenta resultó «Alan Brito», el cual fonéticamente suena «Alambrito». Se da el caso de otra familia que le agradaba para su hija el nombre Margarita, y entonces la llamaron «Margarita Flores del Campo». Sin dejar de mencionar a un hombre que se llamó Armando Casas y para colmo era maestro mayor de obras.

También en los Guiness hallamos nombres tan raros como graciosos. Particularmente me resultó asombroso encontrar papás que llamaran a sus hijos con nombres tales como: Beremundo, Cacerolo, Floripes, Isósceles, Eustorgio, Eutrapio, Asclepiodoto, Antrisigilio, Longombardina, Marciana, Nepumocena, Procopioa, Porcario, Translación, Tremendad, Virtulinda y Pulquería. Como verá, en la vida hay de todo y para todos los gustos.

Sin embargo, en la Biblia los nombres se relacionaban con una identidad espiritual. Tal es el caso de Daniel y de sus tres amigos que son llevados como esclavos a Babilonia.

Daniel significa «Dios es mi juez», mas al llegar al cautiverio le colocaron el nombre Beltsasar, que quería decir «El dios Bel proteja tu vida». Mientras que su nombre siempre se relacionó con el Dios eterno, ahora cada vez que lo llamaban se relacionaba con un dios pagano y blasfemo.

La misma suerte corrieron los tres amigos de Daniel. Ellos se llamaban Ananías, Misael y Azarías. Sin embargo, el jefe de los eunucos llamó a Ananías, Sadrac. A Misael, que significaba «¿quién es lo que es Dios?», lo llamó Mesac, señalando: «Me he vuelto débil».

A Azarías le tocó Abed-Nego. El Nuevo Diccionario Bíblico Certeza dice al respecto: «Es posible que este nombre haya sido un equivalente arameo de otro babilónico, con el significado de "siervo del resplandeciente", tal vez haciendo un juego de palabras sobre la base del nombre del dios babilónico Nabu (Nebo)».

El mundo que nos rodea muchas veces quiso cambiar nuestro nombre dándonos otra identidad. Son como marcas en nuestro destino. Para alcanzar el sueño de Dios debemos rechazar esos estigmas.

Las conductas aprendidas algunas veces tienden a fijarnos el límite. Para estudiar este tema un grupo de científicos dispuso una cantidad de pulgas en un frasco y luego le colocó la tapa. Las pulgas lucharon arduamente por salirse del encierro. Saltaron con ímpetu una y otra vez para sentir el golpe seco de la tapa cada vez que lo intentaron. Llegó el momento cuando de forma instintiva siguieron saltando, pero ahora regulando la altura del salto. No iban a ser tan necias de continuar golpeándose. Cuando sucedió esto los investigadores retiraron la tapa del frasco para observar si las pulgas cambiarían de medida. Para su sorpresa los insectos seguían saltando, pero lo hacían como si tuvieran aún la tapa sobre ellos. Ninguna pulga atinó a escapar del frasco.

Las golpes de la vida no nos permiten ser quienes Dios ha diseñado que seamos.

Observando la conducta de Daniel y sus amigos podemos notar que en medio de tan difícil situación ellos *propusieron en su corazón* no contaminarse. De ninguna manera permitieron que el cambio de nombre alterara en forma alguna su esencia, *sus destinos habían sido marcados por Dios* y eso era lo que iba a prevalecer. Nabucodonosor, el rey de Babilonia, podía cambiarles el nombre, pero no su *corazón*. Ellos siguieron creyendo y respondiendo a su verdadera identidad.

Sin embargo, muchas veces nuestra vida fue marcada por duros golpes que dejaron otro nombre impreso en nuestra alma. Y aunque respondamos al nombre de Juan, Martín, Mario, muy dentro de nosotros tenemos otros nombres relacionados con el fracaso y la amargura que finalmente determinan una actitud de resignación.

Estos nombres están relacionados con experiencias negativas y nos han ido golpeando desde que éramos pequeños o en la juventud. Quizás ha tenido dificultad al estudiar y el nombre que sonó en su corazón fue: «Eres un incapaz, un ignorante». Puede haberlo escuchado de su maestra, o de los propios compañeros de escuela que suelen ser hirientes, así como también de sus propios padres, en cuyo caso el dolor experimentado es más fuerte. Tal cosa provocó que frente a maravillosas oportunidades para crecer y capacitarse, instantáneamente en su interior surgiera la palabra «incapaz» y esto no le permitiera crecer y aprender.

Cuando ha tenido problemas con el alcohol y le dijeron: «Toda la vida será un borracho», estas palabras se grabaron de forma indeleble, le pegaron una etiqueta de la cual no puede desprenderse. Ante cada nueva oportunidad, cuando quiera acceder a un nuevo desafío, a una nueva posición, la palabra «borracho» vendrá a taladrar su mente, lo golpea, lo encasilla hasta acabar identificándose como tal.

Una persona puede estar caminando en medio de una multitud pero si alguien pronuncia su nombre, inmediatamente se sentirá reconocido. De la misma manera si se menciona otro nombre diferente al de él proseguirá su camino sin prestar atención. Respondemos a nuestro nombre.

Así sucede cuando venimos caminando por la vida, en medio de una multitud, y de repente alguien pronuncia el nombre: Fracasado, Perdedor, Miserable, Pecador, Mujeriego, Borracho, Adoptado, Drogadicto, Depresivo, Cobarde. Nos detenemos porque sentimos que exactamente eso somos nosotros. Asumimos la identidad con la cual fuimos marcados a lo largo de la vida.

Para que la promesa de Dios encuentre cumplimiento en su vida, tiene que permitir que Dios le cambie el nombre.

¿Quién le dará su verdadero nombre? La Biblia le da la respuesta. Cuando la lee, ¿cómo lo llama Dios? Él lo llama: «Mi hijo amado», «Vencedor», «Victorioso», «Triunfador». ¡Sí, así es, créalo!

Cuando un padre le habla a su hijo que debe enfrentar un desafío y le dice: «No tengas temor, tú puedes hacerlo, eres mi campeón», inmediatamente el hijo modifica su actitud, primero levanta la cabeza, luego saca el pecho, y termina convirtiéndose en aquello que su padre declaró y «caminando como campeón». ¿Por qué? Porque su padre se lo dijo. ¡Deje que lo que Dios le ha dicho se haga realidad en su vida! Piense como campeón, camine como campeón y viva cada desafío como el gran campeón de Dios que es.

Cuando Dios quiso usar la vida de Abraham, primero le cambió el nombre, dándole uno que se relacionara de forma directa con su identidad, no es casualidad el nuevo nombre asignado.

En un orden de importancia, lo primero es la identidad y lo segundo es el nombre. El nombre por sí solo no puede hacer la identidad. *«Solo el Espíritu Santo pude cambiar su identidad, para que ya no sea quien era y comience a ser quién Dios quiere que sea».*

De esta forma Abraham tomó la identidad espiritual, él sería «padre de muchedumbres». Desde ese momento cuando él caminaba por las calles y alguna persona lo llamaba Abram, él no se daba por aludido. Sin embargo cuando le decían: «Abraham, padre de multitudes», él respondía: «Aquí estoy, ese es mi verdadero nombre».

Esta es la obra que el Espíritu Santo desea realizar en su vida, a partir de este día, frente a los años que tiene por delante, él anhela operar un cambio radical. De manera que cuando siga su camino y se halle en medio de la multitud y comiencen a rodearlo las oportunidades,

oportunidades para crecer, para progresar, para que sea prosperado económicamente, usted podrá confesar: «Esto es para mí».

Cuando se encuentre transitando la avenida de las oportunidades económicas, del desarrollo intelectual, del crecimiento ministerial, y de repente escuche que alguien lo llama diciéndole: «¡Derrotado!» Usted siga caminando. O cuando escuche: «¡Alcohólico!», siga caminando. O cuando le digan: «¡Fracasado!», prosiga su marcha. ¿Por qué? Porque Dios le entrega una nueva identidad para que al transitar los maravillosos parajes que Dios preparó para su vida ya no responda a los nombres que lo han dañado, sino que responda únicamente cuando lo llamen por su verdadero nombre: el que Dios le da. Cuando escuche: «Vencedor», usted diga: «¡Aquí estoy! ¡Ese es mi nuevo nombre, porque en Cristo soy más que vencedor! ¡Tengo un nuevo nombre porque tengo una nueva identidad! ¡Gloria a Dios!»

Jesús murió en la cruz del Calvario para darle una nueva identidad. ¡Ejerza su verdadera personalidad! De ahora en adelante cuando lo llamen con los viejos nombres podrá responder cortésmente, pero con convicción: «Perdón, se confunde de persona, yo no soy quien usted cree, mi nombre es vencedor».

Si por años su identidad ha sido débil, únase a Dios y verá la transformación. Nuestra aparente debilidad se convierte en fortaleza en las manos de Dios. En el libro *Sé todo lo que pueda ser*, John Maxwell cuenta la historia de un ratón que cruzó un puente extendido sobre un profundo barranco junto con un elefante. Mientras ambos cruzaban, el puente se sacudía mucho. Cuando llegaron del otro lado, el ratón miró a su enorme compañero y le dijo: «Vaya, ¡cómo hicimos temblar ese puente!, ¿no?»

Para ingresar a la tierra que Dios le ha prometido recuerde que en usted debe operar un verdadero y profundo cambio de identidad. ¡Déjese transformar!

Dios le entrega seguridad de lo que promete

Quiero que comprenda que Dios no juega con su vida. Cuando

él da una Palabra, él la cumple. Dios le habló a Abraham y le señaló: «De cierto te bendeciré con abundancia y te multiplicaré grandemente». Y continuó diciendo: «Y habiendo esperado con paciencia, alcanzó la promesa. Porque los hombres ciertamente juran por uno mayor que ellos, y para ellos el fin de toda controversia es el juramento para confirmación. Por lo cual, queriendo Dios mostrar más abundantemente a los herederos de la promesa la inmutabilidad de su consejo, interpuso juramento; para que por dos cosas inmutables, en las cuales es imposible que Dios mienta, tengamos un fortísimo consuelo los que hemos acudido para asirnos de la esperanza puesta delante de nosotros» (véase Hebreos 6:14-18).

En muchas oportunidades hemos sufrido el dolor de la defraudación, promesas que nunca se cumplieron. Creímos ciegamente en algo o en alguien, pero resultamos siendo estafados, todo fue un engaño.

En este sentido, déjeme decirle que Dios nunca le mentirá ni lo defraudará. Ciertamente él cumple lo que promete.

Cuando Dios le expresó a Abraham su deseo de bendecirlo, Dios mismo se encargó de que ese deseo se convirtiera en realidad.

Para acceder a las promesas de Dios debemos identificar y amalgamar dos realidades, por una parte tener la confianza de que Dios cumple todo lo que promete y por otra parte, abrir nuestro corazón y creer.

Recuerdo cuando al comenzar un año Dios me dio una palabra para compartir con mi congregación, la palabra específicamente señalaba que Dios iba a levantar, en medio de una de las mayores crisis financieras que el país estaba viviendo, exportadores. Yo abordé el tema en las próximas reuniones. Al poco tiempo, comenzamos a escuchar testimonios. Recuerdo el de una joven en particular, ella lo narró de la siguiente manera: «Yo trabajo en confección de ropa. Debido a la crisis del país la dueña de la empresa decidió irse a vivir a España. Ella me dijo que valoraba mi trabajo, mi talento y capacidad y por esa razón me invitó a ir con ella. Me dijo que se haría responsable de todos mis gastos, tanto del viaje como de la instalación. La propuesta era sumamente generosa pero de alguna forma yo no quería abandonar el país y decidí quedarme. Esto representó para mí muchos cambios y un tremendo desafío. Tuve que abrirme camino por mi propia cuenta. En medio de estos cambios, asistí a la reunión y recibí una palabra específica de Dios: Él me iba a bendecir económicamente y comenzaría a exportar mis productos. Yo lo creí. Comencé a diseñar mis propios modelos. Hace unos días hubo un desfile de modas en uno de los hoteles más importantes de la ciudad. Allí con mis propios ojos pude ver como modelos reconocidas de nuestro país, como lo es Nicole Neuman, transitaban la pasarela con mis diseños. Además estoy trabajando para una de las marcas más exclusivas del país. Hoy estoy en condiciones de contar que mi mercadería está siendo exportada a Colombia, México y Chile. Dios es fiel a lo que promete».

En la vida existen muchas mentiras, pero que Dios lo bendecirá, de eso puede estar completamente convencido.

Dios le dijo a Abraham: «De cierto te bendeciré y te multiplicaré grandemente» y acto seguido le entrega garantías de su promesa.

La garantía tiene la finalidad de poder acreditar nuestros avales frente a la persona con la cual hacemos un compromiso. Por ejemplo, así sucede cuando acordamos un contrato de alquiler. Si la persona no es propietaria y desea alquilar una vivienda deberá presentar en la inmobiliaria nombres de otras personas que con sus bienes personales garanticen su compromiso. Es decir, se necesita de alguien más solvente que respalde y avale mis dichos.

Ahora bien, cuando Dios quiso buscar un aval para su palabra, él no halló a su alrededor alguien más grande que él mismo, entonces dice la Biblia que juró por sí mismo y antepuso juramento.

En la antigüedad el aval estaba dado por la propia palabra, ya que la misma tenía peso; lo que se decía, eso era lo que exactamente luego se hacía. Dadas las circunstancias entonces prácticamente no se firmaban contratos, el convenio se realizaba de palabra. Por esa época para poner fin a un acuerdo se accedía al juramento. El mismo representaba el peso de la palabra, de esta forma la persona empeñaba su honor, su dignidad. Detrás de la palabra estaba la credibilidad de la persona, su honor.

Dios le entrega dos valores a Abraham, la promesa y el juramento. Cuando Dios le dice que sí, es sí, él no es hombre para mentir y su palabra no sufre ninguna alteración.

Como si esto no fuera suficiente, Dios antepone juramento. De esta manera comprendemos que Dios no va a cambiar de parecer de un día para el otro. Dios no promete hoy y se olvida mañana, él es único en verdad. ¿En qué verdades? En las verdades de lo que él piensa, de lo que dice y hace.

El hombre promete pero muchas veces se encuentra encerrado en sus dichos ya que se siente incapaz de afrontar su compromiso, surgen imprevistos y estos tuercen nuestros juramentos y promesas. Muchas veces hablamos y luego pensamos, y esto nos lleva a grandes complicaciones. No podemos mantener una armonía entre aquello que pensamos y lo que hacemos. Pero Dios, así como piensa, así actúa. Posee unicidad en su proceder, tiene una única verdad, es íntegro, de una sola pieza.

¿Cómo podemos heredar las promesas? Según este relato de Abraham, por medio de dos cosas: la fe y la paciencia.

La fe es aquella que sencillamente cree, le cree a Dios. Esto es lo único que Dios espera de mí, que le crea. Fe y paciencia, la fe es para aquí y ahora, la paciencia me sirve para aguardar el cumplimiento de la promesa. Abraham tuvo que ejercitar la paciencia para ver hecho realidad el cumplimiento de la promesa.

La palabra paciencia es un término compuesto, dentro de ella se encuentra el vocablo *ciencia*, que se relaciona con *conocimiento*. El conocimiento es aquel que me permite esperar. Cuando yo conozco a Aquel que me ha prometido que es capaz de darme mucho más abundantemente de lo que creo y espero, entonces puedo permanecer confiado.

Bendecido para bendecir

Dios quiere cambiar su identidad para que luego pueda animar a otros y que ellos también sean transformados. A Abraham le fue dicho: «Te bendeciré y serás de bendición». De alguna manera Dios le señala que la bendición no es solo para él, sino que debe compartirla.

Según el fruto que el Señor le entrega, es el mismo fruto que debe de transmitir, para que así el círculo de bendición se mantenga latente: «Te bendeciré y serás de bendición, y porque serás de bendición te volveré a bendecir, y así sucesivamente».

La Biblia nos indica que el cristiano es la luz del mundo, la luz es aquella que trae claridad en medio de la oscuridad. Dios lo levanta para iluminar cientos, miles de corazones que andan a tientas en la oscuridad de pensamientos de derrota y frustración. Él quiere usarlo para trasformar su nación. ¡Créalo!

No importa cuál sea su nacionalidad, de dónde provenga, cuál sea su nivel intelectual o socioeconómico ni cómo se llama, porque Dios le entrega un nuevo nombre y le dice: «Mío eres tú». No interesa su color de piel o si en la vida le dijeron en alguna oportunidad: «Amargado, pobre, derrotado, fracasado», Dios le da su verdadero nombre para que logre ser ese agente de transformación en su nación, para que la luz del evangelio resplandezca él pone en su corazón una antorcha poderosa.

Dios conoce su necesidad y de acuerdo a la misma prepara una salida. Así lo hizo con la mayor necesidad del ser humano. Cuando los ángeles son enviados a los pastores y a los reyes proclamado la llegada de Jesús, ellos dijeron: «Os ha nacido un Salvador».

El conocido pastor y escritor Rick Warren durante una de sus prédicas dijo algo que me impactó:

Si nuestra mayor necesidad fuera económica, Dios nos hubiera enviado un economista.

Si nuestra mayor necesidad fuera tecnológica, Dios nos hubiera enviado un científico.

Si nuestra mayor necesidad fuera el aburrimiento, Dios hubiera enviado a un cómico que hiciera reír y divertir las veinticuatro horas del día.

Si nuestra mayor necesidad fuera la información y el conocimiento, Dios nos hubiera enviado a un educador.

Pero el ángel dijo: «Os ha nacido un Salvador», porque Dios sabe que la mayor necesidad mía y suya es la Salvación y el proceso de transformación que la misma conlleva.

Si se muda de dirección, si deja que su nombre sea cambiado, eche a rodar sus sueños porque en los años que tenga por delante ciertamente el Señor lo bendecirá y multiplicará grandemente.

¡Líder, prepárese, Dios lo muda en una nueva persona!

«Ensancha el sitio de tu tienda, y las cortinas de tus habitaciones sean extendidas; no seas escasa; alarga tus cuerdas, y refuerza tus estacas. Porque te extenderás a la mano derecha y a la mano izquierda; y tu descendencia heredará naciones, y habitará las ciudades asoladas. No temas, pues no serás confundida; y no te avergüences, porque no será afrentada, sino que te olvidarás de la vergüenza de tu juventud, y de la afrenta de tu viudez no tendrás más memoria. Porque tu marido es tu Hacedor; Jehová de los ejércitos es su nombre; y tu Redentor, el Santo de Israel; Dios de toda la tierra será llamado» (Isaías 54:2-5).

CAPÍTULO 9
La perseverancia

«Ser constante en tu trabajo te proporcionará el éxito; no tienes por qué estar implorando la suerte» —Jean Colteau.

«Las alturas que los grandes hombres alcanzaron y conservaron no fueron conquistadas en súbito vuelo, sino que mientras sus compañeros dormían, ellos, de noche, trepaban afanosamente» —Henry Wadsworth Longfellow.

«Nunca, nunca, nunca, nunca hay que cejar»

—Winston Churchill.

Leí la historia de un joven el cual tenía muchas ansias de convertirse en un gran dibujante. Su deseo lo llevó a buscar empleo en diferentes periódicos intentando vender sus dibujos. Pero cada editor se encargó de expresar el rechazo aduciendo la falta de talento. A pesar de ello este joven continuó adelante, no vaciló, poseía un ferviente entusiasmo que lo impulsaba a continuar. En palabras de Dale Carnegie: «Entusiasmo, sentido común y persistencia, son cualidades fundamentales para el éxito».

Luego de un tiempo, un pastor decidió darle la oportunidad de emplearlo para que pudiera pintar los anuncios de la iglesia. Como no tenía un lugar propio para trabajar y a la vez dormir, fue a parar a un viejo garaje que la iglesia poseía. Para su desdicha, o para su bendición, este lugar estaba habitado por algunos roedores. El tiempo transcurrió y uno de estos roedores se hizo mundialmente famoso por obra de este joven. El ratón se convirtió en el ratón más admirado y querido por millones de personas. El ratón es conocido como el Ratón Mickey, y el artista era Walt Disney.

El sueño de este hombre creció hasta convertirse en la gran industria cinematográfica llamada Disneylandia, con su primera sede en California y luego su segunda, Disney World, en el estado de Florida. Por aquellos primeros años, cuando el dinero escaseaba y cuando nadie creía en él, este hombre siguió tenazmente aferrado a sus sueños. Creyó, trabajó, persistió frente a la adversidad hasta convertirse en uno de los más grandes maestros mundiales de la fantasía de los niños, y por qué no decir de los adultos que nunca dejamos de ser niños.

Al finalizar una enseñanza acerca de una viuda y un juez injusto, Jesús anima a sus seguidores a confiar en Dios, el cual siempre responderá con justicia el insistente clamor de sus hijos, el Señor les dice: «¿Se tardará Dios en responderles?» Pero a continuación señala un valor fundamental: «Pero cuando venga el Hijo del Hombre, ¿hallará fe en la tierra?» Me impactaron las palabras «hallará fe». Esta sencilla frase resalta uno de los secretos del éxito: *perseverar.*

La impaciencia nos lleva a abandonar la lucha antes de tiempo, y de esta forma en reiteradas oportunidades la inconstancia hace abortar los planes de Dios; no logramos ver lo que Dios quiere realizar. La visión es nublada por la carencia de persistencia.

Se cuenta que Sir Edmund Hillary intentó varias veces escalar el Monte Everest sin éxito, hasta que finalmente lo logró. Pero hay un hecho interesante el cual ocurrió en uno de esos tantos intentos fallidos. Luego de no lograr su deseo, Hillary permaneció parado al pie de la gran montaña y sacudiendo su puño hacia ella dijo: «Te venceré. Porque tú no puedes ser más grande de lo que eres, pero yo todavía estoy creciendo». Continuó, siguió intentando, persistió hasta que un día lo logró.

Enemigos de la vida perseverante

Es de vital importancia detectar a tiempo aquellas cosas que nos llevan a abandonar rápidamente:

1. El cansancio

Cuando se desea alcanzar un objetivo se debe trabajar con tenacidad y esta lucha produce un constante desgaste que puede agotar físicamente al individuo. En un primer momento hay energía acumulada, pero en la medida que los días, meses u años pasan, el arrojo del arranque y los bríos comienzan a decrecer y es allí donde el cuerpo comienza a sufrir las consecuencias. Un cuerpo que no se alimenta como corresponde ni duerme lo suficiente no podrá continuar la carrera con éxito.

2. Desánimo

El desánimo es diferente al cansancio físico. Aquí nos referimos al colapso espiritual. Es el debilitamiento interno, donde se comienza a percibir un desmayo interior, se acaban las fuerzas internas. El sueño, el objetivo, pierde el grado de pasión.

3. Ausencia de resultados

Esto se experimenta con el paso del tiempo. Toda nueva empresa comienza con muchos sueños y energía renovada, pero la expectativa está centrada en los resultados, si el tiempo transcurre y estos no se avizoran, la tentación inmediata es abandonar el esfuerzo ¿Para qué continuar en algo que no reporta dividendos positivos?

Para aquellos que iniciamos un sueño inspirado por Dios, cuando los días pasan y no vemos el fruto, la pregunta más dolorosa que surge desde las circunstancias es: «¿Dónde está tu Dios?»

4. Comparación con modelos fáciles

«En cuanto a mí, casi se deslizaron mis pies; por poco resbalaron mis pasos. Porque tuve envidia de los arrogantes, viendo la prosperidad de los impíos» (Salmo 73:2-3).

La televisión y las revistas de moda nos muestran continuamente muchas personas del mundo de la farándula que aparentemente llevan vidas prósperas y a la vez son felices, a los cuales la vida les sonríe sin pedirles nada a cambio. Esto nos genera crisis.

5. La imaginación que inventa logros sin esfuerzos

Existe el engaño de pensar que hay atajos que liberan al hombre de todo lo que representa el trabajo y el esfuerzo. Mientras que Dios en este sentido es bien claro: «El labrador, para participar de los frutos, debe trabajar primero».

Enfrentando al enemigo oculto: el conformismo

Esta situación me parece de vital importancia y quisiera dedicarle más tiempo. Por tal razón, aunque lo inscribo dentro de la lista de enemigos que debemos enfrentar, prefiero abordar el tema con mayor profundidad.

El mayor enemigo de lo mejor no es lo peor, sino lo bueno. Lo bueno nos lleva a conformarnos con algo que no es lo que realmente soñamos, pero que dentro de todo no es tan malo. Nos contentamos con lo que hoy tenemos a mano, como dice el refrán: «Mejor pájaro en mano, que cien volando». Si bien esto generalmente se aplica a la importancia de no dejar escapar las oportunidades, también podemos aplicarlo a aquellos que se contentan con lo que tienen en mano y no se arriesgan por más.

En la Biblia existe una historia que ilustra de manera acertada el espíritu de conformismo, es la historia de Lot, sobrino de Abraham.

Lot estaba viviendo en Sodoma, ciudad que recibiría el castigo debido a su pecado. Dios envía a sus ángeles para sacarlo de allí junto con toda su familia y llevarlos a un lugar seguro. En el relato se advierten tres lugares:

Sodoma, ciudad donde vivía y la cual estaba destinada a desaparecer.

El monte de Dios, donde los ángeles quieren llevarlo para protegerlo.

Zoar, la ciudad que Lot escoge para vivir.

Zoar significa «ciudad pequeña» y simboliza o personifica «lo poco». Dios lo quería llevar a su monte, a su gran lugar, pero Lot se conformó con algo inferior, con Zoar, con lo poco. Dios tenía preparada una gran extensión, pero él decidió quedarse con lo poco, con lo pequeño.

Si Satanás no puede evitar que salga de Sodoma, él lo llevará a quedarse a mitad de camino. No es solo emprender el viaje de la mano de Dios sino llegar al destino que él tiene para su vida.

El actuar de Lot manifiesta un estilo de vida mediocre, no solamente no salió de inmediato del lugar, de acuerdo al pedido de los ángeles, sino que luego que los seres celestiales prácticamente lo empujaron a irse, decidió afincarse a mitad de camino. Lot se conformaba con poco. ¿Con qué se conforma usted?

La mente de Lot estaba atada, no se atrevía a creer en grande. Note que Dios sí soñaba en grande con Lot, pero él no creía en sí mismo. En algún punto de su vida había perdido la pasión por sus sueños, había perdido el entusiasmo.

Un médico, investigador de la conducta humana, aseguró: «El éxito es ir de fracaso en fracaso con entusiasmo». El elemento esencial para lograr superar el fracaso se llama entusiasmo. Entusiasmo y perseverancia en la práctica resultan ser una magnífica combinación. Alguien expresó de forma atinada: «Cada mañana tiene dos mangos. Puedes asir el mango de la angustia o el mango del entusiasmo. Según el mango que escojas, será el día».

De acuerdo a lo que Lot escogió, así fueron sus consecuencias. En oportunidades nuestra estrechez mental nos quiere hacer creer que se pueden desvincular las decisiones de las consecuencias, pero de ninguna manera esto resulta cierto. Toda acción trae aparejada su correspondiente consecuencia.

Lot tuvo dos hijos, Moab y Amón. Ellos dieron a luz dos grandes pueblos, los moabitas y los amonitas. Dos naciones que con el paso del tiempo se convirtieron en dos grandes enemigos del pueblo escogido de Dios, Israel. El libro de Sofonías dice con respecto de estas naciones: «Moab será como Sodoma, y los hijos de Amón como Gomorra» (2:9). Y se agrega en Deuteronomio: «No entrará amonita ni moabita en la congregación de Jehová» (23:3).

El conformarse con un sueño inferior al que Dios tiene para su vida puede acarrearle efectos devastadores. Haga un alto y reflexione. ¡Saque a Zoar de dentro de usted!

El monte es la medida de Dios para usted

Dios tiene un monte, el sitio perfecto para su vida, no se conforme con Zoar. El monte es lugar de:

Comunión: intimidad con Dios.

Revelación: manifestación de la presencia de Dios.

Seguridad: cuidado y protección de Dios.

Unción: donde su presencia lo llena todo.

Existen algunas claves a tener en cuenta para no conformarnos con «lo poco».

Puede tener tan poco como le satisfaga

Dios no puede darle más de lo que desea. Si está satisfecho con lo que tiene no deseará más. Una de las claves para progresar en la vida espiritual es desarrollar un profundo hambre por más de Dios.

El ángel le otorgó lo que él anheló, quiere lo poco, se lo doy, si suspiras por Zoar quédate con ella, le dijo.

El hombre de campo puede llevar a su caballo a beber agua en el fresco arroyo que recorre su tierra, pero no puede obligarlo a beber.

Dios ha diseñado un plan perfecto para su vida, pero la decisión es suya. ¿Se conforma con un lugar tan estrecho como Zoar o anhela el monte de Dios?

El principio espiritual de la búsqueda

Dios utiliza diferentes circunstancias para provocar al hombre a buscarle. Él se deja ver en parte para generar en nuestro interior el deseo de más. Dios nunca va a jugar a las escondidas con el hombre y sus necesidades, pero sí en algunas oportunidades nos toca solo un poco para despertar el anhelo por una mayor búsqueda de su toque, de su presencia o de la revelación personal del plan y el propósito de Dios para usted.

«*Buscad a Jehová mientras puede ser hallado, llamadle en tanto que está cercano*» (Isaías 55:6). Dios se moviliza frente a nuestra hambre y manifestación de fe. «Pedid, y se os dará; *buscad, y hallaréis;* llamad, y se os abrirá. Porque todo aquel que pide, recibe; *y el que busca, halla;* y al que llama, se la abrirá».

Toda acción provoca una reacción. Disfrutamos hoy lo que forjamos ayer, de la misma forma alcanzaremos mañana lo que anhelamos hoy. ¿Por qué cosas suspira su corazón? ¿Cuál es su deseo?

Todo lo que pise su pie, Dios se lo dará

En la vida podemos ir tan lejos como lo deseemos y creamos. En la medida que avancemos, también lo hará el sueño de Dios para nosotros.

Siempre me resultó atrayente el Salmo 18:36: «Ensanchaste mis pasos debajo de mí, y mis pies no han resbalado». Aquí se nos muestra a un hombre que no se quedó con Zoar, sino que decidió caminar a pesar de las dificultades del camino. Cuando lo hizo, la misericordia de Dios aumentó sobre él, porque cuando él se proponía avanzar hasta un punto, Dios mandaba a su ángel y ensanchaba su paso de tal forma que llegaba a mejores lugares. Y además, se suma el hecho de que su pie, en medio de esta gran aventura, se mantenía firme. Todo abajo se puede mover, pero si decide avanzar sus pasos no resbalarán, no tendrá traspié, ¡Dios lo sostendrá!

Recuerde que uno de los mayores enemigos de la perseverancia es el conformismo, contentarse con algo inferior a lo que Dios quiere y anhela para usted.

Características de una vida perseverante

1. La actitud

¿Qué es la actitud? Es la predisposición interior de no darse por vencido nunca. «*Pero tenemos este tesoro en vasos de barro ... que estamos atribulados en todo, mas no angustiados; en apuros, mas no desesperados; perseguidos, mas no desamparados; derribados, pero no destruidos*» (2 Corintios 4:7-9).

La actitud no se apoya en lo externo, es más, actúa de forma independiente a esto. Afuera conflicto, adentro confianza y fuerzas para continuar.

Luego de una gran tormenta, un hombre se encontraba caminando por el campo cuando observó a su paso un nido caído en el piso. Inmediatamente pensó en lo desanimado y triste que se encontraría el pobre pájaro, pero para su sorpresa al levantar la mirada, el gorrión estaba edificando un nuevo nido. ¿Cuál es nuestra actitud cuando se nos cae el nido? ¿Quedarnos por tiempo ilimitado en la estación de la queja y de las lágrimas o volver a comenzar? La respuesta será un indicativo del estado de nuestra actitud.

La actitud del hombre perseverante mira siempre donde Dios mira: adelante.

La ubicación de los ojos en el ser humano no es resultante de la casualidad. Dios colocó los ojos en la cara, no en la espalda. De alguna forma el lugar responde al propósito, resalta el valor de fijar la vista en lo que viene y no en lo que sucedió.

Moisés, el líder del Antiguo Testamento, tuvo una actitud correcta. En Hebreos 11:24, 26-27 se dice de él: «Por la fe Moisés, hecho ya grande, rehusó llamarse hijo de la hija de Faraón ... porque tenía puesta la mirada en el galardón. Por la fe dejó a Egipto, no temiendo la ira del rey; porque se sostuvo como viendo al Invisible».

Primero: Tuvo una visión, tenía la mirada puesta en el galardón.

Segundo: Tuvo un sostén, él fijó sus ojos en el Invisible.

Si la esperanza es colocada en el lugar exacto, el camino puede ser sinuoso, pero el resultado será próspero. Moisés llegó a su meta y usted también puede alcanzarla. ¡Corrija su actitud!

La actitud del hombre perseverante no se deja atrapar por las circunstancias.

Algunos dichos populares lo ilustran de manera interesante:

«Siempre que llovió, paró».

«Nunca llueve todo lo que truena».

«Después de la tormenta siempre sale el sol».

En la vida siempre tendremos que lidiar con los obstáculos, pero lo importante no es el problema en sí mismo, sino dónde decidimos fijar la concentración.

Leí un artículo acerca de Roberto De Vicenzo, el mejor golfista que ha tenido Argentina. En la nota él resaltaba diferentes aspectos a tener en cuenta en la práctica del golf. Me interesó uno en particular donde hacía referencia a cómo al dar el golpe a la pelota *siempre hay que concentrarse en la bandera*, el sitio donde se pretende llegar, y *nunca en los obstáculos,* trampas de arena o lagunas de agua. Concentrarse en lo negativo no hará otra cosa que dirigir su golpe hacia allí.

Un instructor le decía a su aprendiz mientras este trataba de dar sus primeros pasos en el deporte del golf: «Tu cuerpo puede hacer solo lo que tu cerebro ve. Mira el objetivo y pega». La actitud determina el alcance de los objetivos. Para bien o para mal somos los maestros de nuestros destinos.

Las circunstancias adversas suelen tener una poderosa voz, que pueden lanzarlo hacia el éxito o paralizarlo. Cuando Jesús iba caminando sobre las aguas y se acercó a la embarcación de sus discípulos, Pedro respondió al llamado de saltar de la barca y emprender la travesía más osada que hombre alguno hubiera alcanzado: vencer la ley de la gravedad y caminar sobre el agua. Durante un tiempo tuvo éxito, pero más tarde *viendo* el fuerte viento, tuvo miedo e inmediatamente comenzó a hundirse. Antes de salir de la barca el viento ya soplaba, la diferencia radicó en la concentración. Un simple desvío nos hunde.

¿Qué hacer entonces? El conocido escritor John Maxwell aconsejó lo siguiente a un amplio auditorio:

Si quiere angustiarse, mire hacia adentro.

Si quiere derrotarse, mire hacia atrás.

Si quiere distraerse, mire a su alrededor.

Si quiere una salida, ¡mire hacia arriba!

Dios le dice: «Hijitos, vosotros sois de Dios, y los habéis vencido, porque mayor es el que está en vosotros, que el que está en el mundo» (1 Juan 4:4).

No permita que las circunstancias lo atrapen y lo hagan sentir en un callejón sin salida, siempre hay esperanza para un hijo de Dios. No se centralice en el obstáculo, mire a su Dios y continúe insistiendo.

Henry Wadsworth Longfellow dijo: «La persistencia es un gran elemento de éxito. Si llamas con suficiente fuerza y continuidad a la puerta, alguien sin duda se despertará».

Otra característica de la vida perseverante es:

2. El hábito

Placer versus valores

Vivimos en la era de la permisividad, donde la felicidad se establece sobre el placer de lo inmediato. Todo está permitido si el motor es el placer propio. «Si te hace bien, hazlo», dice la voz popular. Desaparecieron las áreas prohibidas, no interesa si está bien o mal, sino el grado de satisfacción que el hombre pueda gozar.

Una reconocida empresa de alcance internacional, dedicada a la confección de indumentaria deportiva, lanzó su eslogan: «Just do it». En nuestro idioma: «Solo hazlo». ¿Hacer qué? Lo que sea. Lo que quiera, lo que le parezca, lo que sienta.

Es la era del vacío, donde no hay valores fuera de la persona. Paradójicamente el hombre posee infinidad de cosas que satisfagan cuánta necesidad se le antoje, pero en el interior vive más insatisfecho que nunca.

En su libro *El hombre Light*, Enrique Rojas enmarca al hombre actual perdido en los siguientes aspectos: «**Materialismo**, hace que un individuo tenga cierto reconocimiento social por el único hecho de ganar dinero. **Hedonismo**, pasarlo bien a costa de lo que sea es el nuevo código de comportamiento, lo que apunta a la muerte de los ideales, el vacío de sentido y la búsqueda de una serie de sensaciones cada vez más nuevas y excitantes. **Permisividad**, arrasa los mejores propósitos e ideales. Revolución sin finalidad y sin programa, la ética permisiva sustituye a la moral, lo cual genera un desconcierto generalizado».

Y luego remata hablando específicamente del hedonismo diciendo: «Hedonismo significa que la ley máxima de comportamiento es el placer por encima de todo, cueste lo que cueste, así como el ir alcanzando cotas más altas de bienestar. Además, su código es la permisividad, la búsqueda ávida de placer y el refinamiento, sin ningún otro planteamiento. Así pues, hedonismo y permisividad son los dos nuevos pilares sobre los que se apoyan las vidas de aquellos hombres que quieren evadirse de sí mismos y sumergirse en un calidoscopio de sensaciones cada vez más sofisticadas y narcisistas, es decir, contemplar la vida como un goce ilimitado».

Una cosa es disfrutar de la vida y otra muy distinta ese extremismo cuyo objetivo es el afán y el frenesí de diversión sin restricciones. Lo primero es psicológicamente sano, lo segundo, por el contrario, apunta a la muerte de los ideales».

La degradación de los valores

El hombre de nuestra época ha ido atravesando grandes cambios, la vida de hoy no se parece en nada a la vivida por nuestros padres, ni siquiera la vida de nuestros hijos se parece a la nuestra, ellos viven plagados de información, en la era de la computación. Una famosa conductora televisiva, de edad avanzada, días atrás confesó no saber usar su computadora, ya que si decidía apagarla simplemente la desconectaba.

Lo cierto es que la sociedad ha ido atravesando grandes transformaciones, al principio el cambio es observado con sorpresa, luego se le mira con indiferencia, finalmente nos acostumbramos, para terminar aceptando lo que nos parece inevitable.

Miramos a nuestro alrededor y asumimos que determinadas situaciones están allí, y que contra ellas no se puede hacer nada. Esto poco a poco ha rebajado la condición humana convirtiéndonos lentamente en personas huecas y vacías. Existe el agujero de la insatisfacción, el descontento generalizado y el vacío de ideales, individuos sin convicción ni compromiso válido. La conducta termina regida por la moda social.

Así el hombre fue construyendo sus propios dioses, hechos a su medida, la independencia, la violencia, la falta de respeto, la soberbia. ¿Cómo derribar esos gigantes? Con arrepentimiento, regresando al verdadero camino. Regresando a un criterio sólido que ha sostenido a la humanidad hasta nuestros tiempos, regresando a la verdad. La verdad trae aparejada claridad y seguridad en el caminar.

Cuando las verdades son expuestas muchos aluden a un retroceso intelectual, se miran los valores como ideas pasadas de moda u arcaicas, inaceptables para la famosa época de «tolerancia» en la cual vivimos. Por tolerancia se nos pretende llevar a aceptar por bueno lo malo. «No existen los absolutos, sino que todo es relativo», se nos dice. Pero sin darnos cuenta se cae en un nuevo absoluto, el de la relatividad.

Retomando el camino

Nuevamente surge la inquietud, ¿cómo podemos salir de esta situación? Desechando los atajos que nos han llevado al vacío y regresando a los grandes valores que han sostenido a la humanidad hasta el día de hoy, un legado heredado de nuestros antepasados, padres y abuelos, como así también de las civilizaciones que nos han precedido. Ellos nos dejaron el valor del trabajo, del tesón y de la perseverancia. Hábitos de esfuerzo que no niegan el valor del sufrimiento ya que el mismo es de gran importancia para la madurez y enriquecimiento personal. La mayor riqueza de un individuo no está determinada por la sumatoria de sus bienes materiales, sino por la fortaleza de su carácter.

El hábito, la reiteración sistemática de un acto, buscará abrir nuevos caminos en la jungla de la vida del hombre y no estancarse en las migajas del presente trivial.

Nuevos caminos. Los caminos del perdón, que permiten cerrar viejas heridas y nos liberan del odio y la amargura. Los caminos del amor, del interés genuino por el bien del otro y no solo por el mío propio, los cuales permiten salirse de uno mismo para comprobar una vez más que la vida no empieza y termina en mí.

El camino de la humildad que me aleja del quebrantamiento que de seguro sufrirá el orgulloso. «*Antes del quebrantamiento es la soberbia, y antes de la caída la altivez de espíritu. Mejor es humillar el espíritu con los humildes que repartir despojos con los soberbios. El entendido en la palabra hallará el bien, y el que confía en Jehová es bienaventurado*» (Proverbios 16:18-20).

La felicidad no es patrimonio de hacer lo que me plazca, sino de caminar bajo las pautas que Dios ha determinado para la vida del hombre. ¡Camine en sus caminos y experimentará la mayor felicidad que nunca jamás se ha imaginado!

Solo la reiteración generará sendas distintas que traerán la vida de Dios a nuestra selva. Dios, el Creador, ha diseñado los hábitos correctos para que la vida del hombre se halle sellada por el éxito:

«*Y amarás a Jehová tu Dios de todo tu corazón, y de toda tu alma, y con todas tus fuerzas. Y estas palabras que yo te mando hoy, estarán sobre tu corazón; y las repetirás a tus hijos, y hablarás de ellas estando en tu casa, y andando por el camino, y al acostarte, y cuando te levantes. Y las atarás como una señal en tu mano, y estarán como frontales entre tus ojos, y las escribirás en los postes de tu casa, y en tus puertas*» (Deuteronomio 6:5-9).

No hay que buscar ni inventar nuevas formas para alcanzar la felicidad, ya Dios los ha trazado.

Alimentando la perseverancia en Dios

Desarrolle el hábito de buscar a Dios cada día de su existencia, él nunca lo abandonará ni lo dejará en los puntos cruciales de su vida. Camine y persevere.

El labrador es la imagen del cristiano perseverante. Toma la semilla, la siembra y la riega. Aunque no ve los resultados él confía que en su momento aquello que sembró, brotará. Apreciado lector, tome la palabra que Dios le ha dado, el sueño que él dijo que tiene para usted, guárdelo en lo profundo de su espíritu como una foto de lo que él realizará en su vida, riéguelo con oración, cuando se sienta exhausto, vuelva a mirar el cuadro que Dios pintó para su vida, saque la foto y obsérvela. Construya el hábito de la perseverancia y prepárese, porque el día menos pensado se sorprenderá.

El espíritu de lucha

Siempre resulta más fácil abandonar que continuar, especialmente cuando el cansancio comienza a golpear a la puerta. A esa altura se debe desarrollar una estrategia que funcione, y con mucha paciencia, trabajar hasta que la nueva táctica se convierta en un instinto. Es decir, que frente al problema no suframos la reacción emocional de arrojarlo todo, sino que frente a la adversidad brote de nuestro interior de forma natural el contraataque. Algunos piensan que la persona nace con esas cualidades o no, y que de acuerdo a esto será propensa a dejarse abatir o a continuar luchando. Yo creo que más allá de las habilidades naturales podemos invertir tiempo y esfuerzo en lograr modificar nuestras conductas. No se resigne, arremeta con fuerza para cambiar su manera de pensar y con el tiempo esto influenciará su manera de ver la vida y de actuar.

Cada hombre es forjador de su propio destino. En palabras de Napoleón Bonaparte: «Circunstancias... ¿qué son las circunstancias? ¡Yo hago las circunstancias!» Y Benjamín Disraeli agregó: «No somos criaturas de las circunstancias, somos creadores de la circunstancia».

Debemos alimentar el espíritu de lucha, ya que por medio de él se logra vencer el golpe de la derrota y el hombre se repone frente al fracaso. El espíritu de lucha va más allá de los talentos y las capacidades. Es la predisposición a no dejarse vencer, de no cejar en el esfuerzo hasta conquistar el objetivo.

Los tenistas que están en los primeros veinte puestos en el ranking de la competición no difieren en cuanto a estrategia, técnica o preparación física, pero sí en cuanto a la actitud.

Un entrenador que observaba a un tenista luchar por escalar su posición lo expuso de la siguiente forma, él dijo: «Este joven posee el talento innato, ha desarrollado la técnica adecuada y su preparación física es excelente, pero tiene un problema: la actitud mental». Los partidos no solo se ganan con aptitudes, sino con constancia, perseverancia, venciéndose a sí mismo cuando las horas pasan y los saques buenos no aparecen. Hay que superar las caídas en el ánimo, en algunas oportunidades llegan a ser partidos de cinco horas y se debe poseer un fuerte temple. Allí aparece no solo el cansancio físico sino el mental. Para vencer hay que mantener el empuje, la lucha.

¿Cómo ejercitar ese espíritu de lucha?

1. Déjese visitar por el espíritu de Dios

«Pero recibiréis poder, cuando hay venido sobre vosotros el Espíritu Santo» (Hechos 1:8).

Cuando el espíritu de Dios venga sobre su vida sentirá poder, fuerzas renovadas para continuar. No es por su propio esfuerzo, son las fuerzas de Dios que acuden a socorrerlo.

Al finalizar un servicio, una persona que hacía poco tiempo había experimentado la conversión me dijo: «Pastor, cuando llego estoy cansado y desanimado, pero cuando me voy siempre salgo renovado, me voy distinto». Es que al buscar a Dios permitimos que su fuerza entre en nuestra vida y todo cambia. Cuando nuestro espíritu busca a Dios se oxigena y es mucho más fácil continuar. ¡Déjese tocar por él!

2. Entre en pacto con Dios

Cada vez que entra en pacto de serle fiel y de seguirle, el Espíritu de Dios vendrá sobre usted. Sansón fue un hombre de Dios. Su fuerza era increíble, a tal punto que sus enemigos comenzaron a indagar la razón de la misma. Por medio del engaño lograron saber en qué consistía, pero el gran secreto no estaba basado en su alimentación, en horas de sueño o en algún poderoso complejo vitamínico, sino en el pacto que lo había separado para Dios desde el vientre de su madre.

¿De dónde vienen sus fuerzas? Del pacto de entrega y consagración que haya hecho con su Señor. Si él lo ha separado para un propósito específico, espere en él porque cuando sea preciso las fuerzas del Todopoderoso vendrán sobre su vida.

Podrá decir con toda seguridad: «Pero tú aumentarás mis fuerzas como las del búfalo; seré ungido con aceite fresco».

¡Persevere y alcanzará su sueño!

CAPÍTULO 10
El poder de la decisión

«El destino no es cuestión de azar, es asunto de elección. No es algo por lo que haya que esperar; es algo que se debe lograr» —William Jennings Bryan.

«Lo importante en este mundo no es tanto dónde nos encontramos, sino en qué dirección vamos» —Oliver Wendell Holmes.

«No dejes para mañana lo que puedas hacer hoy» —Thomas Jefferson.

«Un hombre tenía dos hijos, y el menor de ellos dijo a su padre. Padre, dame la parte de los bines que me corresponde; y le repartió los bienes. No muchos días después, juntándolo todo el hijo menor, se fue lejos a una provincia apartada; y allí desperdició sus bienes viviendo perdidamente. Y cuando todo lo hubo malgastado, vino una gran hambre en aquella provincia, y comenzó a faltarle.

Y fue y se arrimó a uno de los ciudadanos de aquella tierra, el cual le envió a su hacienda para que apacentase cerdos. Y deseaba llenar su vientre de las algarrobas que comían los cerdos, pero nadie le daba. Y volviendo en sí, dijo: ¡Cuántos jornaleros en casa de mi padre tienen abundancia de pan, y yo aquí perezco de hambre! Me levantaré e iré a mi padre, y le diré: Padre, he pecado contra el cielo y contra ti. Ya no soy digno de ser llamado tu hijo; hazme como a uno de tus jornaleros. Y levantándose, vino a su padre. Y cuando aún estaba lejos, lo vio su padre, y fue movido a misericordia, y corrió, y se echó sobre su cuello, y le besó. Y el hijo le dijo: Padre, he pecado contra el cielo y contra ti, y ya no soy digno de ser llamado tu hijo. Pero el padre dijo a sus siervos: sacad el mejor vestido, y vestidle; y poned un anillo en su mano, y calzado en sus pies. Y traed el becerro gordo y matadlo, y comamos y hagamos fiesta; porque este mi hijo muerto era, y ha revivido, se había perdido, y es hallado. Y comenzaron a regocijarse» (Lucas 15:1-24).

¿Qué es la vida? Si tuviera que definirla en una palabra diría que la vida es una decisión. La vida es una sumatoria de decisiones. Si miramos hacia atrás veremos que hemos llegado al sitio donde nos encontramos luego de haber atravesado un sinfín de decisiones.

Desde que nos levantamos por la mañana comenzamos a decidir, decido cómo me vestiré; si tomaré el desayuno o no; de qué forma me voy a dirigir al empleo o escuela, si voy en auto, en ómnibus, caminando, y así segundo a segundo continuamos decidiendo. Estas decisiones podemos enmarcarlas dentro del escenario de lo cotidiano, pero también están aquellas que al tomarlas modifican el destino de nuestra vida.

Lo real es que no podemos revertir el pasado, no podemos volver hacia atrás, pero por medio de las decisiones de hoy podemos modificar el futuro. Existen maldiciones generacionales que intentan cumplir su cometido y devastar las familias. Recuerdo el caso de una joven que comenzó a concurrir a nuestra iglesia. Su pasado estaba plagado de desolación y signado por la muerte y la depresión. Su padre sufrió un drástico accidente de trabajo que lo llevó a perder su vida decapitado. Su madre se sumió en una profunda depresión, a tal punto que no lograba atender a sus hijas. Su enfermedad se agravó al extremo de que ni siquiera poder satisfacer las necesidades más básicas, como hacerles la comida. Así fue como la familia de su madre decidió hacerse cargo de las niñas, en tanto que su madre se recuperaba. Esto nunca sucedió, porque ella murió. Además otra tía, hermana de la fallecida, comenzó a sufrir los síntomas de la depresión. Todo parecía indicar que el futuro de esta joven se encontraba seriamente comprometido. Sin embargo, al conocer el evangelio, tuvo la oportunidad de decidir sobre su destino. La primera decisión fue entregar su vida a Jesús y cortar con esos espíritus de muerte y de depresión. El tiempo transcurrió y ella formó su propia familia, se casó, tiene dos hermosos hijos y todos se hallan involucrados en el ministerio. Por medio del poder de la decisión logró cambiar completamente las nefastas expectativas que rodearon su vida.

Las decisiones tienen el poder de hundirnos en el barro o sacarnos de él.

En 1640 el cardenal francés Richelieu dijo: «Los problemas de estado son de dos tipos, fáciles o insolubles. Son fáciles cuando los has previsto. Cuando te estallan en la cara, ya son insolubles».

La Biblia nos cuenta la historia de un joven el cual vivía muy cómodamente en la casa de su padre, pero decidió marcharse de su hogar y probar sus propias fuerzas, no sin antes pedirle a su padre, el cual estaba vivo, la parte de su herencia. Su padre le dio lo que le correspondía y él se marchó. A partir de allí se envuelve en una vida liviana, gasta su dinero en placeres y deleites hasta que su fortuna es dilapidada por completo. En ese momento, los amigos que lo habían acompañado, al no haber dinero, comienzan a abandonarlo, y el joven empieza a padecer necesidad, a tal punto que es empleado por un estanciero de la zona el cual le asigna como tarea el cuidado de sus cerdos. El hambre de ese joven era tan fuerte, que en un momento mientras los cerdos comían, él desea la comida de los animales. Su decisión lo llevó desde la estancia, de los manteles blancos e impecables, hasta el barro, sumido en el chiquero. El joven decidió alejarse de la casa de su padre y esto lo llevó a convivir con los cerdos.

Las decisiones determinan nuestro destino. En un momento de la vida todos nos enfrentamos con decisiones que entran en la categoría de trascendentales y de las cuales dependerá nuestra futura felicidad o agobiante desdicha.

Son las que tienen que ver con el tipo de noviazgo que tendrás, en santidad o sin ella; con la elección de la persona para casarse y formar una familia; la carrera a cursar, los oficios, profesiones, negocios e inversiones. Todas ellas marcan de manera indeleble el curso de su propia historia personal.

Las decisiones nos toman un segundo, pero luego sus consecuencias perduran toda la vida.

Puntos claves relacionados con las decisiones

Los líderes llevan a sus seguidores a un momento de decisión. Esto no sucede por presión sino que el verdadero líder le enseña a sus seguidores a practicar el poder de la elección. En este ejercicio en ningún momento se le dice al discípulo lo que debe de hacer, sino se le muestra las diferentes opciones para que luego él escoja. «Tienes entre esta posibilidad y esta otra, tú eliges», dice el líder maduro.

El padre del hijo pródigo se limitó a aceptar la decisión tomada por su hijo. Durante mucho tiempo se dedicó a criarlo, le enseñó principios de moral y de vida, pero luego se apartó y accedió a que su hijo decidiera por sí mismo y de esta manera escogiera su destino.

Dios opera de la misma manera con el hombre. Él nos lleva a momentos claves en la vida para que allí decidamos y de esta forma escojamos nuestro futuro. Dios dice: «Acontecerá que si oyeres atentamente la voz de Jehová tu Dios, para guardar y poner por obra todos sus mandamientos que yo te prescribo hoy, también Jehová tu Dios te exaltará sobre todas las naciones de la tierra. Y vendrán sobre ti estas bendiciones, y te alcanzarán, si oyeres la voz de Jehová tu Dios. Bendito serás tú en la ciudad, y bendito tú en el campo. Bendito el fruto de tu vientre, el fruto de tu tierra, el fruto de tus bestias, la cría de tus vacas y los rebaños de tus ovejas. Benditas serán tu canasta y tu artesa de amasar. Bendito serás en tu entrar, y bendito en tu salir. Jehová derrotará a tus enemigos que se levantaren contra ti; por un camino saldrán contra ti, y por siete caminos huirán de ti. Jehová te enviará su bendición sobre tus graneros, y sobre todo aquello en que pusieres tu mano; y te bendecirá en la tierra que Jehová tu Dios te da...

Y te hará Jehová sobreabundar en bienes, en le fruto de tu vientre, en el fruto de tu bestia, y el fruto de tu tierra ... Te abrirá Jehová su buen tesoro, el cielo, para enviar la lluvia a tu tierra en su tiempo, y para bendecir toda obra de tus manos. Y prestarás a muchas naciones y tú no pedirás prestado. Te pondrá Jehová por cabeza, y no por cola; y estarás encima solamente, y no estarás debajo, si obedecieres los mandamientos, que yo te ordeno hoy, para que los guardes y cumplas» (Deuteronomio 28:1-13).

Decidir de manera correcta hará «que la bendición de Dios lo alcance», eso es lo que dice este pasaje. De algún modo el hombre corre durante toda su vida detrás de estos logros, anhela la felicidad en su casa y fuera de ella, con su familia y en el trabajo, en su país, con sus amigos, pero si obedecemos a Dios, él se compromete a que el bienestar y la bendición nos buscarán incansablemente hasta alcanzarnos. La imagen que viene a mi mente es la contraria a la que sucede en la vida real. Ya no tendrá que ir de un lado a otro mendigando la bendición, sino que mientras camine despreocupadamente por la vida, la bendición lo perseguirá incansablemente hasta alcanzarlo y exclamará: «¡Por fin te tengo, déjame bendecirte!»

Por otra parte, si decidimos hacer nuestra propia voluntad y rechazamos a Dios, seremos perseguidos y alcanzados por las consecuencias de nuestro extravío. La desolación, la desesperación, la injusticia, la muerte, la angustia y la pobreza nos rodearán. El mismo pasaje que nos habló de la generosa bendición de Dios también nos señala que los cielos que antes estaban abiertos sobre la cabeza del hombre se volverán de bronce, y que la tierra será de hierro. No habrá bendición que venga de arriba, de Dios, pero tampoco habrá bendición de la tierra en la cual vivimos, la misma se cerrará y cesará la producción.

¿Cuál es su situación? ¿Está siendo alcanzado por el favor de Dios o vive en estado de ruina?

«*He aquí pongo delante de vosotros camino de vida y camino de muerte*» (Jeremías 21:8). Usted decide cuál camino tomar.

El hombre y la decisión

En otro sentido, no podemos ignorar que existen situaciones que se encuentran fuera del control del ser humano y sobre las cuales no puede decidir. El hombre no tiene injerencia sobre la naturaleza, no depende de la decisión del individuo que el sol salga o no, ni la continuidad de los días o la sucesión de las estaciones del año.

Paralelamente tampoco se halla en condiciones de determinar el día de su nacimiento, ni escoger el hogar al cual pertenecer, o quiénes serán sus padres o hermanos.

Los jóvenes, por mérito propio, por más que se esfuercen, no logran que la persona de la cual están enamorados se fijen en ellos así porque sí, sino que dependen de que el mismo sentimiento que se apoderó de ellos también lo haga de su futuro novio o novia. Así están dadas las cosas en este plano.

Sin embargo, existen muchas más áreas en las cuales sí poseemos injerencia y sobre las cuales decidimos que aquellas en las que no la poseemos. Esto contribuye a derribar mitos que el hombre levantó para desligarse de sus compromisos. Desenmascara la irresponsabilidad que lo lleva a vivir sintiéndose esclavo de lo que le rodea y excusándose por la forma de reaccionar. Dios ha distinguido al individuo con inteligencia y lo ha dotado de esta forma con el poder de la elección. Usted elige la manera de responder.

Una de las características que los sicólogos refieren al período de inmadurez en el individuo corresponde a la actitud de no hacerse responsable de los hechos y proyectar un culpable. Sencillamente es cuestión de hallarlo, y si no está se inventa y asunto resuelto. Durante la niñez esto es bastante común, pero en el transcurso de la adolescencia a la adultez debe de corregirse. Es allí donde el sujeto comienza a desarrollar su voluntad, por medio del poder de la decisión.

Es madura aquella persona que logró dominar sus instintos primarios y pudo someterlos a la voluntad. En otras palabras, ha dejado de ser un niño aquella persona que logra decidir por medio del uso de la razón y no de los sentimientos.

Las reacciones dan muestra del grado de madurez y ejercicio de la voluntad. No puedo evitar que alguien me haga enojar, pero sí puedo decidir mi respuesta. Puedo decidir enojarme y reaccionar agresivamente o no. Cuando en su casa, escuela o trabajo alguna persona lo molesta, ¿cómo reacciona? A veces decimos contestar de tal o cual manera porque no tuvimos otra salida. Pero esto no es cierto, yo elijo exasperarme o no.

El joven de la historia no fue presionado por nadie a irse de su casa, fue su propia decisión la que lo llevó a pedirle a su padre la parte de su herencia. No fue incitado por su familia, por amigos de su entorno íntimo ni por algún proyecto ambicioso de progreso personal. Simplemente escogió decidir porque así lo quiso.

Cuanto antes tomemos las decisiones adecuadas, mejor

Por otra parte, este joven convivió con los cerdos porque en su pasado no tuvo tino en su decisión, erró al blanco.

El sitio donde estamos hoy es el resultado de las decisiones que tomé ayer. Nada más acertado que esta declaración. Entonces podemos preguntarnos: «¿Dónde estaré mañana?» Respuesta: Donde decida hoy.

Debiéramos indagar entonces: «¿Qué es lo que quiero? ¿Cuáles son mis deseos y anhelos? ¿Cómo me veo dentro de cinco o diez años?»

Fe y capacitación forman un sólido binomio. En el área personal es muy importante el tiempo invertido en estudiar y capacitarse. Dios le abrirá puertas de crecimiento laboral y desarrollo personal, pero usted debe prepararse para cuando la ocasión se presente. Hay personas que son llamadas para ocupar puestos importantes en su trabajo, pero los pierden ya que nunca invirtieron en la educación personal. Cuando veo que esto le sucede a uno, me pregunto: ¿Será que Dios cerró la puerta o yo mismo las cierro con mi poca dedicación?

En cada oportunidad que puedo trato de motivar a los jóvenes de mi congregación para que sepan aprovechar las oportunidades y estudien. Todos los años, al finalizar el período escolar, en las reuniones de jóvenes agasajamos a todos los que han finalizado una carrera. Los aplaudimos y felicitamos públicamente.

Cuando se cuenta con la posibilidad que los padres costeen los gastos del estudio es fundamental gozar de ese beneficio y dedicarse a estudiar. Nunca hay límite para el que anhele capacitarse y superarse, pero cuando hay que trabajar y a la vez enfrentar la responsabilidad de ser cabeza del hogar, el panorama cambia bastante. ¡Aproveche su tiempo, tome buenas decisiones!

Deténgase y piense por un instante cómo anhela estar de aquí a un tiempo en las diferentes áreas de su vida: familiar, económica, espiritual, así como también ministerial.

Recuerde: *Mañana se encontrará donde decida hoy*. Si Dios lo ha levantado como líder, es fundamental hacer este ejercicio, ya que su vida influenciará a mucha gente. Dios le entregó vidas que dependen de usted. Su ejemplo será una fuente de inspiración para ellos. Decida correctamente.

¿Cuán feliz será mañana? Su felicidad responderá de manera proporcional a las decisiones que hoy esté dispuesto a tomar.

La postergación de las decisiones lo único que hará será retrasar el plan de Dios para su vida. Pero no solo sucederá que la bendición se dilatará, sino que el retraso puede llegar a destruir su vida. Una decisión a tiempo puede ahorrarle meses y años de amargura. No se demore.

Si Dios le habló, ¡decídase! No indague por más palabras, no busque más confirmación, no espere a sentir para hacer. ¡Solo hágalo! Escoja el bien y dice la Biblia que este lo seguirá todos los días de su vida. ¡Decídase ya!

Las decisiones nacen en el corazón

¿Por qué las decisiones nacen en el corazón?

Porque es allí donde se encuentran mis prioridades.

¿Por qué son lo más importante para su vida?

Porque en el corazón se construyen los modelos.

¿Por qué guían su vida?

Porque en lo profundo de nuestro ser se levantan los ídolos.

¿Ante quién se rinde?

En Malaquías 2:2 Dios le dice al hombre: «Si no oyereis, y *si no decides de corazón...*». Aquí de forma explícita Dios nos señala donde nacen las decisiones y por tal motivo él nos pide que las tomemos desde allí, desde el corazón.

De toda la gran muchedumbre que Dios sacó de Egipto para llevarlos a la Tierra Prometida, solo dos hombres de esa generación lograron entrar. Uno de ellos se llamó Caleb. La Biblia nos dice que él fue un hombre *alcanzado* por la bendición, porque se halló en él un espíritu diferente y una decisión distinta. Muchas personas decidieron en contra de lo que Dios había determinado, pero Caleb decidió por el plan de Dios, y esa decisión lo llevó directamente a encontrarse con la bendición.

Cuando los problemas quebrantan el corazón

Cuando el hijo pródigo toca fondo, cuando se encuentra totalmente solo, luego que los placeres momentáneos y la alegría se habían disipado, cuando su hambre fue tan profunda que deseó comer la comida de los cerdos, cuando su corazón fue quebrantado, tomó una decisión, Lucas 15:17 expresa: «Volviendo en sí, dijo...»

El joven atravesaba la peor etapa de su vida, todo le había sido quitado y se hallaba profundamente abatido. En ese instante, y no antes, él recapacitó y tomó una decisión: «Me levantaré e iré a la casa de mi padre». El quebrantamiento lo llevó a tomar una decisión en su corazón. Allí es donde nacen las decisiones que producen cambios verdaderos.

Cuando Dios quiere ablandar la tierra utiliza primero la lluvia, luego la tormenta, y finalmente la inundación. Muchos de nosotros no somos fácilmente permeables a la voz de Dios, y por eso algunas veces nos visita con inundación.

Cuando el hijo pródigo dijo: «No soporto más, no doy más, la situación no da para más», encontró la salida para sus problemas. En mi actividad pastoral, cuando una persona se acerca buscando ayuda y en su boca tiene la expresión: «Estoy angustiado, desanimado, ya no tengo salida». Interiormente digo: «¡Gloria a Dios! Es el momento oportuno para dejar obrar a Dios».

Las dificultades nos lleva a recapacitar y buscar ayuda, y es allí cuando podemos tomar las decisiones que modificarán la historia de nuestra vida.

La decisión debe triunfar sobre...

1. La adversidad

Este hijo, que abandonó no solo su hogar sino la estabilidad de su vida, tuvo que enfrentar muchas dificultades. Sin embargo, el ejercicio de sobreponerse ante cada problema formó y le dio firmeza a su carácter.

Al ser sorprendidos por tropiezos inesperados, muchos se desaniman y abandonan. En Argentina hay un dicho popular que lo expresa así: «Tiró la toalla». Se cansó, abandonó la lucha.

El hombre con decisión firme llegará más lejos que el inteligente. Solo el hombre con decisión firme logrará ver sus sueños. Se trata de desarrollar una voluntad férrea, firme, constante.

Debemos esperar lo mejor y a la vez estar preparados para lo peor. ¿Cómo lograrlo? Por medio de la fe y la oración. Es fundamental el ejercicio de la oración constante que nos prepara para recibir la bendición de Dios pero que también nos fortalece en la adversidad.

Los problemas intentan amedrentarnos y quitarnos las fuerzas, pero si el hombre fija sus ojos en Dios, nunca se extraviará en su camino.

Esta historia, titulada «*Fíjate en la hormiga*», hace referencia a este tema:

«El desierto ardía como horno encendido. El sol llameante calcinaba la tierra, y fuertes vientos levantaban olas de arena que ennegrecían el cielo. En medio del calor una caravana que cruzaba el Sahara se vio de pronto rodeada de negras nubes y debió buscar refugio donde lo hubiera. Pasado el simún, la caravana, larga y abatida, miró atentamente al cielo, y con paso firme regresó al rumbo que había perdido. No eran personas ni eran camellos. Eran hormigas. Hormigas que con solo mirar a las estrellas sabían cómo hallar su ruta. Las hormigas del Sahara tienen un maravilloso instinto de dirección. Si se desvían, con solo mirar las estrellas vuelven a hallar su rumbo».

El doctor Rudiger Wehner, de la Universidad de Zurich, Suiza, lo explicó así: «Esta hormiga, al levantar su mirada a las estrellas, puede ver patrones de luz polarizada. Eso le basta para conducirse a través de la larga travesía».

La Biblia también habla acerca de la hormiga. En el libro de Proverbios dice: «*¡Fíjate en la hormiga! ¡Fíjate en lo que hace, y adquiere sabiduría!*» (Proverbios 6:6, NVI).

La hormiga sabe, por instinto, interpretar las señales de los cielos. Sabe dirigirse por vastos desiertos sin perder la dirección. Labora todos los días de su vida y siempre está a la expectativa de algo nuevo. Nunca deja de actuar, nunca deja de trabajar, nunca deja de producir, pase lo que pase.

Las tormentas de la vida son sorpresivas, y en más de una vez nos sentimos atravesando un gran desierto. Sin embargo, Dios nos ha entregado un recurso inagotable, inextinguible: la oración. Ella nos permite elevar nuestros ojos hacia Dios por encima de las peores tempestades y recibir la orientación adecuada para continuar. El instinto nos lleva a buscar una salida, el ejercicio de la oración le permitirá hallarla en Aquel que todo lo sabe.

Muchos, queriendo ser sabios, se enredan en buscar respuestas en lugares equivocados. ¡El verdadero triunfo en la vida consiste en no mirar los obstáculos que tiene por delante y dejarse guiar por Dios!

2. La tentación

Los evangelios nos relatan el momento en que Jesús fue visitado por el diablo y la manera en que este le tentó. La historia nos muestra cómo el Señor no cedió ante las presiones y terminó venciendo. Al finalizar el episodio se nos dice que el diablo se alejó de él, pero agrega que se apartó por un tiempo. Esto significa que en algún momento «la tentación» regresaría.

¿Por qué regresa? ¿Qué buscará la tentación para volver? Simple, la tentación espera encontrar momentos de debilidad.

Debilidad Mental: sufrida a causa del agotamiento, del estrés.

Debilidad Emocional: provocada por la soledad, o por problemas en el hogar, en el matrimonio o con los hijos. Largos períodos de enfermedad colapsan las emociones.

Debilidad Espiritual: cuando nos encontramos con las defensas internas bajas. Tiempos donde se nos hace dificultoso gozar plenamente del tiempo de comunión, cuando por diversas causas nos cuesta orar, o cuando necesitamos una palabra de Dios y está se hace esperar.

El hijo pródigo se encontraba atravesando esta etapa. Sus convicciones estaban siendo puestas a presión.

Satanás buscará los momentos oportunos para venir a tentarte. Jesús fue tentado con alimento, con pan, luego de atravesar cuarenta días de ayuno, no lo hizo en la Última Cena, sino en momentos en que la voz de la necesidad se hace más fuerte que la voz del deber.

¿Qué hacer entonces?

Primero: Identifique los momentos de debilidad

Todos atravesamos momentos de mayor vulnerabilidad, durante esa etapa debemos intensificar la búsqueda de Dios. Él es aquel que puede hacernos sentir fuertes en la peor debilidad.

Negar la realidad nos debilita aún más. El no saber contra qué se pelea genera inseguridad, pero estar conscientes de nuestro propio escenario de batalla nos permitirá iniciar acciones concretas que garantizarán la victoria.

Segundo: Identifique los puntos de debilidad

Debemos conocernos a nosotros mismos. Saber certeramente las áreas de debilidad en mi vida y ser terminante a la hora de tomar decisiones.

Conversé con un joven de mi congregación el cual había logrado salir de la homosexualidad. La había practicado desde la adolescencia, pero ya llevaba tres años de conocer a Jesús y había sido libre. Él me refirió que últimamente se había encontrado de forma casual con un amigo que había sido su pareja. Al sucederle esto, su amigo lo invitó a volver a encontrarse, solo para charlar. En ese momento él tuvo que decidir, sabía que su vida estaba en riesgo, e inmediatamente prefirió rechazar la invitación.

Tercero: Desarrolle nuevos hábitos para enfrentar la tentación

La Biblia nos habla acerca de la importancia de renovarnos en nuestra manera de vivir. Para no volver a equivocarme necesito enfrentar la tentación con una manera distinta de pensar. Un modo es alimentando nuevos patrones de conducta. Cambie la cerradura y el diablo no tendrá la llave para entrar.

Viva más allá del placer del momento.

Como ya hemos señalado, la vida es mucho más que gozar de los placeres momentáneos. Jack Lindon llegó a ser un célebre escritor. De joven, para costear sus gastos, trabajaba en una lavandería. Sus amigos malgastaban el tiempo libre emborrachándose, pero él tenía un sueño, un deseo, anhelaba llegar a ser un gran escritor. Se preparó dedicando horas y noches enteras a leer y escribir. Él aguardaba y soñaba hasta que el día llegó. Obtuvo su oportunidad gracias a su tenacidad.

Si indagamos acerca del secreto del éxito de los grandes hombres que marcaron la historia veremos que el mismo estuvo centrado en cómo enfrentaban la vida diaria. El secreto es *el día a día.*

Todos los días, nos dice la Biblia, refiriéndose a reyes y profetas, gente prominente, personas que cambiaron el destino de pueblos y naciones, «buscaron a Dios». Creo que es un buen ejemplo a seguir imitar las acciones de estos hombres que con la sumatoria de las decisiones cotidianas supieron darle sentido a su vida y a las naciones donde Dios los había colocado para ejercer su protagonismo.

Hay que decidir día a día correctamente. Todos los días inquirir en la Palabra de Dios, todos los días buscarle, cada día abrir la boca para testificar y hablar de lo que Jesús hizo en nuestra vida.

Las decisiones de todos los días son el fundamento que sostienen una vida de éxito. Decisiones sabias, acertadas, guiarán nuestra vida hacia el triunfo, que no es otra cosa que vencerse a uno mismo, doblegando el placer y desarrollando el dominio propio.

El hijo pródigo sufrió, lo padeció en carne propia, pero finalmente aprendió la lección, aprendió a dominarse.

Evite la televisión como instrumento para anular la voluntad.

No podemos dejar de mencionar que se ha levantado un enemigo que de manera sistemática trata de matar el ejercicio de la voluntad, y este es la televisión.

«La televisión cumple con la ley del mínimo esfuerzo: basta dejarse caer en le sillón, apretar el mando y nada más. No hay que poner el menor acto de voluntad. Pero el *zapping* es ya la carta magna del súper-mínimo esfuerzo: se trata de pasar el rato, de estar distraído, de consumir minutos sin más pretensiones. Es la *evasión* a través del mundo de la fantasía de las imágenes que van entrando por los ojos y llegan a la cabeza, pero sin archivarse, dada su rápida sucesión y su falta de conexión. *El mando a distancia se convierte en el chupete del adulto.* ¡Ay, si no se encuentra puede ser terrible! Está claro que la incomodidad de tener que levantarse una y otra vez para cambiar de canal hace ascender de forma considerable el número de adictos al *zapping*, palabra de procedencia anglosajona que significa golpear, disparar rápidamente ... Por lo general ver mucha televisión produce seres humanos robotizados, pasivos, acríticos y, lo que es más grave, sin inquietudes culturales».[3]

No nos dejemos llevar por la corriente, aprendamos a construir la vida a través del ejercicio de la voluntad.

3. Los fracasos

¡Vaya si fracasó el joven protagonista de nuestra historia bíblica! Pero lo importante no es que usted se haya caído, sino que se atreva a levantarse.

Toda persona que ha logrado el éxito, primero fracasó.

El deseo de Dios es que nos vaya bien: «*Amado, yo deseo que tú seas prosperado en todas las cosas, y que tengas salud, así como prospera tu alma*» (3 Juan 2).

Pedro, antes de convertirse en el gran apóstol, experimentó su ruidoso fracaso. En un acto de arrojo, confesó que seguiría a Jesús no solo a la cárcel, sino a la propia muerte. No mucho tiempo después se halló a sí mismo negando al Maestro. En ese instante él se alejó de la gente y lloró amargamente. Había fracasado, había fallado. Lector, quizás esté atravesando una situación similar. ¿Cuál es la salida? ¿Qué hacer frente al fracaso?

Los fracasos nos ayudan a entender las cosas.

El hijo pródigo, por primera vez en su vida, volvió en sí, notó de forma palpable sus propios errores. Si miramos el caso de Pedro, por lo visto, tenía mucho para dar, ya que luego se convirtió en uno de los apóstoles de Jesús, pero también tenía mucho que cambiar. Su ímpetu debía ser moldeado por las manos del Maestro.

Los fracasos nos enseñan a cambiar. Henry Ford olvidó colocar marcha atrás en su primer auto. Una manera rápida de crecer es sabiendo aprovechar los fracasos. ¿Se equivocó? No es el primero ni será el último, solo aprenda de sus errores.

Vea el fracaso como un momento y no como en un monumento.

Las caídas suceden en un instante, el problema es cuando hacemos de ese momento una imagen congelada que permanece eternamente.

3 «El Hombre Light», de Enrique Rojas

Si el hijo pródigo hubiera hecho esto, jamás habría podido regresar a la casa de su padre. Paralizarnos no da resultado, si algo no resulta hay que continuar intentando. La única manera de resolver el dolor del fracaso es seguir probando. Si no ha encontrado la salida, siga intentando, seguro la hallará. No hay problema que no lleve en sí mismo el germen de su solución. Solo hay que encontrarlo. Probar es mucho más significativo que pasar el resto de la vida en el muro de los lamentos.

Thomas Edison, el inventor de la lámpara eléctrica, probó y aparentemente fracasó cientos de veces antes de lograr su cometido. Pero un día probó y no falló. ¿No llegó a su meta? ¿Falló? Siga probando, el día menos pensado lo logrará.

Vea el fracaso como oportunidades nuevas y no como derrotas finales.

El no alcanzar el objetivo es una manera de comprender que ese no es el camino, pero que sin lugar a dudas debe haber otra forma de alcanzarlo.

Abraham Lincoln «fracasó» en diez oportunidades antes de convertirse en el presidente de los Estados Unidos de Norteamérica. El fracaso le permitió al hijo pródigo valorar su posición de hijo y entrar en una nueva relación de intimidad con su padre. En algunos momentos la victoria depende de la capacidad de ver las cosas de otro modo, de cambiar de estrategia.

Dicen que una vez había un ciego sentado en la vereda con una gorra a sus pies y un pedazo de madera escrito con tiza blanca que decía: «Por favor, ayúdeme, soy ciego».

Un creativo de publicidad que pasaba frente a él, se detuvo y observo unas pocas monedas en la gorra. Sin pedirle permiso tomó el cartel, le dio vuelta, tomó una tiza y escribió otro anuncio. Volvió a poner el pedazo de madera sobre los pies del ciego y se fue.

Por la tarde el creativo volvió a pasar frente al ciego que pedía limosna, su gorra estaba llena de billetes y monedas. El ciego reconoció sus pasos y le preguntó si había sido él quien había vuelto a escribir su cartel, y sobre todo, qué había puesto. El publicista le contestó: «Nada que no sea tan cierto como su anuncio, pero con otras palabras». Sonrió y siguió su camino. El ciego nunca lo supo, pero su nuevo cartel decía: «Hoy es primavera y no puedo verla».

Cuando el resultado esperado no se avecina, cambiemos la estrategia y puede ser que de esta manera resulte.

¿Cómo se construye una decisión?

Para que una decisión produzca cambios positivos se necesita:

Determinación

La determinación se edifica con la suma de varios elementos, se deben evaluar los *costos,* ver con exactitud la *condición* actual y considerar el precio de las *consecuencias.*

El hijo pródigo del relato bíblico primero reflexionó acerca de lo que él ansiaba, se miró y pensó: «Esto no es lo que yo deseo, no estoy a gusto, no me siento conforme». Esto le representaba afrontar un costo.

En un momento reflexionó: «Volviendo en sí dijo ... En la casa de mi padre hay abundancia, y yo aquí *perezco* de hambre». En un instante tuvo clara su condición actual y las posibilidades que estaba perdiendo. Vio su presente y vislumbró su condición futura, por tal motivo expresó: «En la casa de mi padre *hay*». ¿Qué había? Todo lo que a él le estaba faltando y todo lo que deseaba intensamente.

En reiteradas oportunidades el pecado no le permite ver las consecuencias. El diablo le mentirá, de tal manera que nunca le dirá cómo terminará si decide por él, si yerra en tus decisiones. Judas, uno de los discípulos de Jesús, jamás se imaginó que acabaría ahorcado.

La determinación nos lleva al segundo paso:

Renuncia

La decisión precisa de una renuncia. La palabra «decidir» proviene del vocablo «escisión». Esta indica un corte, una división o separación de otra cosa.

Jesús nos confronta con un evangelio de decisiones. Nos habla de «dos caminos», el que nos conduce a la vida o el que nos conduce a la muerte. Nos enfrenta con la realidad de «dos señores», y nos dice que no se puede servir a ambos a la vez. Nos menciona que existen «dos reinos», el de las tinieblas y el de la luz. Esto habla de confrontación, situaciones diferentes, o se es frío o caliente, no hay términos medios.

El problema surge cuando queremos quedarnos con todo. Renunciar es decir que *no*. Decidir no es solo decir que *sí* a algo, también implica decir que *no*.

Jesús expresó: «Cualquiera que no renuncia ... no puede ser mi discípulo» (Lucas 14:33).

El hijo pródigo primero dijo: «Dame la parte de mi herencia». Pero luego de todo lo que tuvo que vivir, es interesante notar que dijo: «Ya no soy digno de ser llamado tu hijo».

¿Cómo llegó a esta situación? Luego de haber renunciado a ambientes, a amistades que no le convenían. La decisión de renunciar puede devolverle la alegría y la paz que tanto está deseando.

Por último, la decisión necesita de:

Acción

No solo pensó: «Me levantaré e iré a la casa de mi padre», sino que luego se levantó y fue.

La decisión que nace de la emoción.

La experimentamos al ser tocados por Dios. Sentimos que él, Dios, es tan grande; y que nosotros, usted y yo, somos tan pequeños, que nos desbordamos en sensaciones y promesas. Aparecen las lágrimas y junto a ellas el arrojo de la entrega incondicional. Ese es el instante en que más nos parecemos al apóstol Pedro. «Te seguiré hasta la muerte».

La decisión que nace de la emoción no es una decisión comprometida, ya que nace en los umbrales del deseo y nunca se arriesga a tocar la voluntad, no llega a convertirse en un hecho, en una acción. Por tal motivo muchas personas luego de experimentar la sobrenatural presencia de Dios siguen de la misma forma, no cambian, permanecen en el mismo estado de angustia o incapacidad. Son tocados, experimentan el poder de Dios, lloran, hacen promesas, pero no cambian.

¿Cuál es entonces la decisión que puede transformar su vida?

La verdadera decisión debe de nacer en la voluntad.

Filipenses 2:13 señala: «*Porque Dios es el que en vosotros produce así el querer como el hacer, por su buena voluntad*». Podemos asociar la palabra voluntad con energía, empeño, tesón, firmeza, tenacidad. La voluntad es aquella que no se doblega ante la dificultad. El hombre con voluntad llega más lejos que cualquier otro.

Desear por otra parte no es lo mismo que querer. Desear se mueve en el plano de los sentimientos y al estar allí encasillado, desfallece ante el conflicto. Querer es un acto de la voluntad.

El inmaduro desea, el maduro quiere.

No sirve de nada saber que Dios me está hablando sobre cosas que debo modificar y no tomar decisiones al respecto.

El hijo pródigo primero *sintió*, reflexionó para sí, pero luego *se levantó* y actuó. Si tengo una relación de noviazgo, pero me estoy hundiendo en el pecado de fornicación, puedo sentir que estoy enamorado, pero deberé decidir cortar con esa relación. Si me muevo en medio de relaciones incorrectas, puedo decir: «En realidad te aprecio, pero prefiero acabar con nuestra amistad».

Se trata de iniciar una acción. Si ofendí, debo tomar la decisión de pedir perdón. Tengo que olvidarme de mi enojo y reconocer que me equivoqué.

Cuando Dios nos toca, las emociones salen a flor de piel, pero en realidad Dios espera que tomemos una decisión.

Cuando Saulo de Tarso tuvo su encuentro con Jesús, camino a Damasco, primero experimentó una gran emoción. Vio el resplandor de la gloria de Dios que lo dejó ciego y todo su cuerpo temblaba como una hoja.

Pero luego, el segundo paso del que sería el gran apóstol Pablo fue una decisión: «¿Señor que quieres que yo haga?».

Los líderes que impactan son líderes decididos y comprometidos.

¿Lo será usted?

CAPÍTULO 11

El orden

«A veces, cuesta mucho más eliminar un solo defecto que adquirir cien virtudes» —Jean de la Bruyere.

«El que sacrifica alabanza me honrará; y al que ordenare su camino, le mostraré la salvación de Dios» —Salmo 50:23.

Una de las cuestiones más olvidadas por el hombre de hoy es el tema del orden. Solemos escuchar hablar de muchas cosas, pero poco y nada acerca de vivir una vida bajo el *amparo* del orden. Me agrada pensar que es justamente el orden el que ayuda a proteger los sueños que Dios nos entregó, porque de alguna forma organiza el pensamiento y las acciones, y de este modo se llega a destino justo a tiempo, sin apresuramientos y con grandes cuotas de tranquilidad y alegría.

Si permite que Dios ordene su vida interior y exterior, él personalmente se encargará de que finalmente alcance su favor y su salvación. Le enseñará maneras y caminos que nunca antes conoció ni transitó. Serán cosas nuevas, nunca antes oídas ni vistas por el ojo del hombre, pero que lo conducirán hacia la felicidad. *«Porque mis pensamientos no son vuestros pensamientos, ni vuestros caminos mis caminos, dijo Dios»* (Isaías 55:8). *«Porque yo sé los pensamientos que tengo acerca de vosotros, pensamientos de paz y no de mal, para daros el fin que esperáis»* (Jeremías 29:11).

Añadirá sabiduría a su caminar diario si lo hace de manera ordenada.

En cierta ocasión un hombre joven llegó a un campo de leñadores ubicado en la montaña con el objeto de obtener trabajo. Durante su primer día de labores trabajó arduamente, y como resultado taló muchos árboles.

El segundo día, trabajo tanto como el primero, pero su producción fue escasamente la mitad del primer día. Durante el tercer día se propuso mejorar su producción. Golpeó con furia el hacha contra los árboles, pero sus resultados fueron nulos.

El capataz, al ver los resultados del joven leñador, le preguntó:

—¿Cuándo fue la última vez que afilaste tu hacha?

El joven respondió:

—Realmente no he tenido tiempo de hacerlo, he estado demasiado ocupado cortando árboles.

Si se embota el hacha y no es afilada, hay que añadir más esfuerzo. Pero es más ventajoso aplicar la sabiduría (Eclesiastés 10:10). Somos tentados a pensar que solo el que trabaja duro será recompensado. Esta historia nos señala el valor de trabajar sabiamente y de no solo hacerlo con rudeza.

No es suficiente poner manos a la obra sino también estar atento a la forma en que lo estamos haciendo. Compare el hacha sin filo con el necio que tal vez pueda lanzarse en algún proyecto u obra y no se da cuenta de lo que está haciendo. El hacha afilada puede igualarse con la persona que usa sabiduría en su vida y está atenta para hacer los cambios necesarios.

Buscar a Dios, meditar en su palabra y ordenar nuestro camino, nos da sabiduría y nos enseña a sacar más provecho de lo que hacemos. Si no permitimos que Dios ordene nuestra vida, atravesaremos nuestra existencia con mucho apresuramiento, fatigándonos y lo que es peor, amargándonos porque no vemos los resultados deseados.

Quizás esté tan ocupado cortando árboles en su ministerio que no se fija en lo que está pasando a su alrededor. ¿Hace cuánto que no afila su hacha? Permita que el toque de Dios *«ordene sus pasos ... y él le mostrará su salvación»*.

Antes de conocer a Dios la persona vive sumergida en un desorden generalizado, nada está en el lugar que le corresponde. Falta el orden en la manera de pensar, hablar y de proceder, sin embargo, al recibir a Cristo, comienzan a desencadenarse una serie de cambios que van desde muy adentro del individuo hasta lo más visible. El Espíritu Santo transforma el corazón del hombre, y este es mudado en una nueva criatura, nada permanece de la misma forma.

Se recobra el sentido del orden, de lo justo, de lo adecuado, de lo correcto.

No hay nada más tremendo que experimentar o ser testigos presenciales de los milagros de Dios. El milagro tiene esa cuota de asombro que nos impacta, ya que de manera sobrenatural Dios hace lo que la mano del hombre, por mucho que se esfuerce, no puede realizar.

En uno de los servicios de mi iglesia, ante el auditorio colmado de gente, un joven contó como él había recibido un milagro de sanidad en sus pies. Mientras hablaba la gente permanecía expectante, en la medida que el relato avanzaba y se hizo evidente el prodigio, la iglesia estalló en alabanzas a Dios y aplausos. Pero en ese instante, el joven, el cual hacía muy poco tiempo había entregado su vida a Cristo, pidió silencio y dijo: «¡Dios, sanó mis pies, pero el mayor milagro es que *él enderezó mis pasos!*» En ese momento recordé la expresión del salmista: *«Y me hizo sacar del pozo de la desesperación, del lodo cenagoso; puso mis pies sobre la peña, y enderezó mis pasos»* (Salmo 40:2).

¡Qué maravillosa afirmación!

Solo el Espíritu Santo es aquel que nos trae luz para ordenar nuestros caminos.

Recuperando la coherencia

El hombre necesita urgentemente reordenar su andar. Vivimos en el tiempo de la informática, la Internet, en la explosión de las comunicaciones. Prácticamente no hay sitio en la tierra con el cual, si el individuo lo desea, no consiga comunicarse. Pero, a pesar de ello, el hombre se halla más incomunicado que nunca, más solo que nunca. En otro sentido, aunque se viva bombardeado de «información», la misma «no dice nada». Es como el antiguo refrán: «Mucho ruido y pocas nueces». Se habla mucho, se dice poco.

Al período actual se le denomina como la «era del vacío». No hay concordancia, coherencia, entre lo que se dice y lo que luego se hace. Se padece la absoluta falta de contenidos sólidos que logren sostener la vida del ser humano.

Por momentos se levanta un valor, para luego vivir muy lejos de él. Por ejemplo, el hombre se escandaliza cuando los noticieros informan de un nuevo caso de violación, pero por otro lado en la televisión cada día se permiten más programas, sin importar el horario, que hablan de sexo y lo muestran. Ya nada es implícito, todo está explícito. También están las mamás que se quejan por la falta de seguridad en las calles, temiendo que sus hijas sean asaltadas sexualmente, pero por otro lado no se pone ningún reparo en motivar a las chicas a despojarse más y más de su ropa. Lo sensual y lo que muestra es lo que se vende.

El hombre tiene sus pensamientos desordenados y precisa encontrar el rumbo. Antiguamente, para ubicarse en el territorio, los pueblos fijaban el oriente, el sitio por donde el sol despuntaba, y de esa forma lograban trasladarse de un sitio a otro. De ahí que si alguien se hallaba perdido se decía: «Está desorientado, perdió el oriente». Creo firmemente que el hombre apremiantemente necesita encontrarse con Dios para hallarse a sí mismo y encontrar su destino.

Por esta razón, por medio del Espíritu Santo, Dios está recorriendo la faz de la tierra y levantando un liderazgo cuya característica esencial sea gente con vidas ordenadas, estables y prolijas.

Pídale a Dios que utilice su vida para que ayude a otros a encontrar el orden que tanto necesitan, que él pueda levantarlo como un modelo digno de ser imitado en su hogar, barrio, ciudad y nación.

¡Cuidado, una termita anda suelta!

Por fuera se veía tan bien, pero cuando quiso sentarse en la silla de madera se desmoronó. En ese momento el pequeño niño miró a su madre en busca de una respuesta. «Mamá ¿qué sucedió?», dijo.

De manera sencilla ella le explicó que un pequeño insecto, llamado termita, había entrado dentro de la silla sin que nadie se diera cuenta, y luego de instalarse, comenzó su labor de manera incansable y silenciosa. Comió la estructura del mueble de tal forma que aunque se veía como silla, ya no servía como tal.

Si quiere prosperar en su ministerio rodee y elimine a su termita: *el desorden.*

Muchas personas poseen un genuino llamado de Dios y a la vez dan muestras claras de los dones y habilidades recibidos para ejercer dicho llamado. Pero sin orden, su ministerio no llegará muy lejos.

En la medida que el ministerio crece también lo hacen las demandas y compromisos. La agenda se ve colmada con un sinfín de actividades que no pueden ser delegadas a otros y que hay que cumplir a tiempo y con un horario. El líder ordenado tendrá una gran ventaja por sobre el que no lo es, llegará al final del día cansado pero con sosiego, sabiendo que hizo todo lo que debía hacer, lo cual le produce tranquilidad interior. Poder cumplir con los objetivos eficientemente eleva la autoestima del individuo además del concepto que los discípulos poseen de su líder.

Cuando una persona no se ordena, no obtendrá lo que se propone, y si llega a la meta será a través de un mal ejemplo, porque dará pena el modo en que llegó. Agotado, desaliñado, malhumorado.

El desordenado que llega tarde a los compromisos, difícilmente logrará cumplir con los objetivos diseñados, desperdiciará mucho tiempo buscando cosas perdidas, llámense sermones, direcciones a las cuales hay que dirigirse, teléfonos de personas a las cuales es imprescindible llamar. Es un caos. Esto genera desconcierto en el entorno, la gente se desmotiva y nadie logra disfrutar, tanto del proceso como de la satisfacción de haber alcanzado una meta.

Otra cosa que el desorden provoca es el aplazamiento de compromisos y responsabilidades, se experimenta una acumulación de trabajo a realizar, solo porque no se fue ordenado a la hora de llevarlo a cabo.

Si anhela el liderazgo, *ordénese o prepárese para agonizar*. No eche por la borda su llamado y talento, tómese tiempo y organice su vida.

Orden en la vida

¿Por dónde comenzar a poner orden? Comience con las cosas más sencillas. Estas serán luego un fundamento firme que le permitirán ir creciendo hasta que lo alcance en cada faceta de su vida. Por ejemplo, comience a ordenar su lista de correo electrónico.

Me contaron la historia de un hombre un tanto desordenado en esta área. Salió de la nevada ciudad de Chicago para pasar unas vacaciones en el cálido estado de la Florida. Su esposa estaba de viaje de negocios y planeaba encontrarlo allí al día siguiente.

Al llegar al hotel en Florida, el esposo decide enviarle un e-mail a su mujer. Como *no encontró* (típico del desordenado) el papelito donde había anotado el e-mail de su esposa, trató de recordarlo de memoria, y suplicó que no estuviera equivocado. Por mala suerte, se equivocó en una letra, y el mensaje fue a parar a la esposa de un pastor. El pastor había muerto el día anterior.

Cuando la esposa del difunto pastor revisó sus e-mails, dio un grito de horror y cayó desmayada. Al oír el alarido, su familia corrió para ver qué sucedía. Cuando entraron al lugar, leyeron el texto del e-mail en la pantalla de la computadora. El mensaje decía:

Querida esposa:

Acabo de llegar. Fue un largo viaje. Aquí todo es muy bonito. Muchos árboles, jardines... A pesar de tener aquí pocas horas, me está gustando mucho. Ahora voy a descansar. Hablé aquí con el personal y está todo listo para tu llegada mañana mismo. Estoy seguro de que te va a encantar.

Besos de tu amoroso esposo.

P.D.: ¡Está haciendo un calor infernal aquí!

Suena cómico, pero es cierto que el desorden genera más de una confusión tanto para el que lo practica como para su entorno.

Estimando el valor del orden

«Mirad, pues, con diligencia cómo andéis, no como necios sino como sabios, aprovechando bien el tiempo, porque los días son malos» (Efesios 5:15-17).

Dios nos exhorta a hacer un buen uso del regalo de la vida que él nos entregó. William James, estudioso de la conducta humana, pronunció: «En general, la gente usa solo una pequeña parte de todos los poderes que posee, y que podría aprovechar en las circunstancias apropiadas».

Cuando leí esto lo primero que me pregunté fue: «¿Y por qué el hombre no aprovecha todo su potencial?» Existe más de una respuesta, pero una de las razones es que el desorden cotidiano produce confusión y no permite que la persona crezca de manera ascendente en el logro de sus metas. Se llega a todo como se puede, con lo que se puede, sinceramente apenas si se llega.

¿Cómo podemos convertirnos en personas ordenadas? ¿Existe alguna facultad donde se dicte la carrera «Orden» y podamos cursarla? El orden es un hábito que comienza a ser practicado en las cosas sencillas de todos los días. La mejor escuela es la vida diaria, y el mejor examen se presenta en la manera en que mantenemos el orden en los horarios, llegamos a tiempo a las citas fijadas, cómo mantenemos el devocional diario, o en la forma que cuidamos de nuestro aspecto físico, lo cual es nuestra carta de presentación También en cómo combinamos las actividades de la agenda para cumplir lo establecido, o el orden que se tiene con las cosas de la casa, llámense libros, armario o elementos de trabajo.

Una persona que posee su ropa ordenada será un individuo de pensamientos ordenados.

El orden externo se relaciona estrechamente con el orden interior. Por tal razón, desde muy pequeños se les enseña a los niños a mantener y ejercitar el orden exterior, como recoger sus juguetes o respetar el horario de las comidas. En esa etapa, aún no pueden por ejemplo sostener la coherencia en sus ideas o valores, fluctúan de una realidad a la otra rápidamente, aman y odian a la vez, desean cuando crezcan ser presidentes y al rato quieren ser albañiles o plomeros. Las ideas aún no se encuentran organizadas, pero en la medida que se forme el hábito exterior del orden, este será una estructura sólida sobre la cual luego se edificará la vida intelectual o cognoscitiva del niño.

El orden, entonces, debe ser enseñado desde el comienzo de la vida misma, es decir en el hogar. En este sentido los padres son los educadores por excelencia. En la resolución del día a día ellos, mamá y papá, van plasmando en el hijo el camino del orden, el camino de lo correcto, de lo acertado.

El matrimonio que posee niños pequeños se verá rodeado de mucha alegría y mucho trabajo a la vez. Recuerdo cuando mis hijos eran pequeños. Cuando regresaba a mi hogar era común entrar a la casa y tratar de evitar todo tipo de obstáculos que mis hijos habían dejado desparramados por el suelo. Una pelota por aquí, otro juguete por allá, un muñeco por otro lado. Por ese entonces con dedicación le enseñábamos a los niños a ordenar sus juguetes. Tarea nada fácil ni gratificante, ya que ellos como buenos representantes de la raza caída se negaban a obedecer y a trabajar. En realidad escuchaban perfectamente, pero jugaban a hacerse los sordos. Sin embargo en el hogar, por medio de la reiteración constante, es que se logra imprimir el valor del orden. Si se alcanza el objetivo, se habrá legado al hijo una herramienta fundamental para el pleno desarrollo de su vida y seguramente los padres se evitarán algunas de las dificultades que se asocian con la adolescencia, el niño será un joven maduro y como consecuencia, ordenado, capaz de tomar decisiones atinadas y competente para cuanto desafío la vida le presente.

Es el ejemplo de todos los días el que finalmente arrastra a la imitación. Uno no se vuelve ordenado de un momento a otro, sino que para ello se necesita ver esta cualidad hecha realidad en alguien cercano, se precisa del modelo de los padres, de los hermanos, de familiares, de los maestros, de los líderes de la iglesia.

Los valores emergen del ejemplo cercano al que se es expuesto. Recordemos que se educa más por el ejemplo que por la palabra. El dicho popular dice: «Más vale un hacer que mil decir». La práctica diaria, y no la mera repetición de palabras, es la que plasma en la personalidad la conducta. Por ejemplo, un hombre puede argumentar con su hijo mil maneras diferentes de cómo convertirse en un buen padre de familia, pero sin lugar a dudas, la mejor prédica será la que el hijo observe en la vida de su padre, cómo este respeta a su esposa y estima a sus hijos y cómo se encarga personalmente de satisfacer las necesidades de la familia.

En este sentido el ejemplo sin palabras que el líder imprime en sus seguidores conlleva un fuerte mensaje.

Cabe recordar que John Maxwell afirma que se influencia con el ochenta por ciento de lo que hacemos y solo con el veinte por ciento de lo que decimos. El mejor ejemplo que sus discípulos tendrán será el que de forma cercana puedan ver en usted. De lejos impresionamos, de cerca influenciamos.

El orden supone esfuerzo

El llegar a ser ordenados en un primer momento admite trabajo, y este no es exactamente un buen eslogan para conseguir seguidores. El hombre aspira a una vida confortable con el mínimo esfuerzo.

Una caricatura muestra a un hombre regresando a la casa y preguntándole a su esposa:

—¿Querida ya llegó el nene?

A lo cual ella responde:

—Sí, ¿cómo te diste cuenta?

—Es que hay una media tirada en la sala, la mesa está llena de papeles de la escuela y recién acabo de tropezarme con un zapato —contesta él.

Pero además cada cosa marca el sendero hasta la televisión. Creo que esta escena es frecuente en los hogares. Es mucho más cómodo dejar las cosas tiradas que detenerse a acomodarlas.

Las canciones estimulan a la vida fácil, la vida loca. Esto conduce a miles de jóvenes a sumergirse en una vida liviana, sin amor al trabajo, se promueve como ideal la comodidad, el placer inmediato, el consumir drogas, garantizando placer sin ningún trabajo previo. Se promueve la evasión del esfuerzo, del compromiso.

Lamentablemente esta actitud le roba a muchos jóvenes los mejores años de sus vidas. Cuando reaccionan se dan cuenta que desperdiciaron el tiempo para estudiar, para capacitarse y desarrollar una profesión. Perdieron una etapa importantísima de la vida, la etapa en que se definen los objetivos, los sueños, en la que se elabora el proyecto personal.

Dios desea ordenar su vida

Al conocer a Jesús, por medio de la persona del Espíritu Santo, comienzan en el corazón del hombre cambios profundos y radicales. Dios vuelve a reimprimir en nosotros la imagen de lo correcto, devuelve el orden a nuestra vida y al hacerlo recuperamos el sentido de ser.

Dios desea transformar de adentro hacia fuera y para ello comienza a trabajar en la manera de pensar, fija en el interior del hombre criterios coherentes, se piensa y se actúa de acuerdo a ello.

La conducta comienza a regirse por principios y no por tendencias o maneras de sentir. Se privilegia el principio del *deber* por sobre el de *sentir*.

Alguien podrá pensar: «No me motiva esforzarme más, no siento el deseo de orar, no siento que tengo que perdonar, pero... sé que lo debo hacer, entonces lo hago, hago lo correcto».

Para llegar a convertirnos en líderes maduros debemos permitir que ese sentido de orden traspase cada aspecto de nuestra vida y le dé forma y sentido a nuestro ministerio.

Orden en el uso del tiempo

El orden en la vida se relaciona íntimamente con el manejo del tiempo. «*Andad sabiamente ... redimiendo el tiempo*» (Colosenses 4:5).

El tiempo pasado no puede ser recuperado. William Shakespeare dijo: «Malgasté el tiempo y ahora el tiempo me malgasta a mí». Un poco pesimista, pero real.

En cierta ocasión alguien preguntó a Galileo Galilei:

—¿Cuántos años tiene su señoría?

—Ocho o diez —repuso Galileo en evidente contradicción con su barba blanca.

Y luego explicó:

—Tengo, en efecto, los años que me quedan de vida, los vividos no los tengo, como no se tienen las monedas que se han gastado.

Crecemos en sabiduría si valoramos el tiempo como Galileo. Decimos con asombro: «¡Cómo pasa el tiempo!» Pero en realidad somos nosotros los que pasamos.

El astrónomo italiano sabía que acá estamos de paso. Somos peregrinos y es bueno pensar en la meta que nos espera. La certeza de que nuestro caminar terreno tiene un final es el mejor recurso para valorar cada minuto. Así podemos aprovechar lo único que tenemos: el presente.

Conviene disfrutar cada día como si fuera el último. El ayer ya se fue y el mañana no ha llegado ¡Aproveche el hoy! Usted es realista cuando aquí y ahora elige lo mejor para usted y los demás, sin que lo lastime ni lastimar.

Un día tiene veinticuatro horas, con mil cuatrocientos cuarenta minutos diarios, lo cual representan ciento sesenta y ocho horas semanales.

Piense en personas reconocidas, los grandes héroes bíblicos como Moisés, Abraham, o en profetas prominentes como Isaías, Jeremías, o en Jesús mismo, o quizás en los personajes que hicieron un hito en la historia de la humanidad, como Napoleón, o en gente contemporánea, científicos, empresarios, deportistas, educadores, líderes destacados... todos ellos tienen una característica, poseen el mismo tiempo que usted. Sus días no son de veinticinco horas.

Todos tenemos el mismo tiempo, pero no todos lo usamos de la misma manera. El mejor uso del tiempo es aquel que es destinado para *escuchar* y *hacer* la voluntad de Dios.

El Salmo 40 dice: «*Sacrificio y ofrenda no te agrada; has abierto mis oídos ... El hacer tu voluntad, Dios mío, me ha agradado, y tu ley está en medio de mi corazón*» (vv. 6,8)

Dios nos dio un cuerpo, una voluntad y un tiempo para que lo usemos para él. Jesús tuvo una meta en su vida, hacer la voluntad de Dios, y lo manifestó respondiendo a sus discípulos, frente a la petición de ellos a que se alimentara:

«*Yo tengo otra comida que comer, que vosotros no sabéis ... Mi comida es que haga la voluntad del que me envió, y que acabe su obra*» (Juan 4:32,34).

Aproveche su tiempo en lo que edifica

Esto implica tomar el control y en más de una oportunidad apagar el televisor. Necesitamos invertir tiempo en leer la palabra y meditar en ella de manera tal que nuestro espíritu se sature de las verdades de Dios.

Precisamos tiempo para orar, tiempo para la autoministración, tiempo para congregarnos, tiempo para realizar con excelencia el ministerio encomendado.

En algunos oportunidades somos rápidos para justificarnos y decir: «No cuenten conmigo, no me alcanza el tiempo para comprometerme aún más en el ministerio». Sin embargo, por mucho que nos cueste reconocerlo, siempre que se quiere, *se puede*. Es cuestión de interés y de preferencias.

Las preferencias se relacionan con las prioridades. ¿Quién ocupa el primer lugar en su corazón? Cualquier cosa que ocupe el primer puesto se convertirá en su ídolo.

Los ídolos del siglo veintiuno son diferentes a los del pasado. Los dioses del pasado tenían nombre como Moloc, dios de la violencia; o Mamón, dios del dinero, o Baal, dios del sexo. Hoy los dioses se levantan como imágenes mentales.

Por ejemplo:

Imágenes de salud: se venden pastillas para adelgazar, dietas milagrosas y todo tipo de aparatos que garantizan una silueta tipo 90-60-90.

Imágenes de éxito: «Tome tal cerveza y las más hermosas chicas se rendirán a sus pies», insinúa una propaganda. «Beba tal refresco y se convertirá en Michael Jordan», dice otro comercial.

Imágenes de sensualidad: usar determinada marca producirá un mejor efecto a la hora de la conquista y la seducción.

Imágenes de status: aquí el rubro es muy variado, va desde la posesión de un celular hasta la de los autos más sofisticados.

El problema es que prometen más de lo que pueden dar y terminan por tener el control de nuestra vida, nos someten. Aquello que amemos más que a Dios acabará dominándonos. La Biblia dice: «Donde esté vuestro tesoro, allí estará vuestro corazón».

Un término frecuentemente utilizado es la palabra adicción. El hombre dice ser adicto al trabajo, al sexo, al deporte. Mientras que él denomina a esto *dependencia*, Dios lo llama *idolatría*.

Cuando nos hacemos de un ídolo, finalmente este nos deforma. *«Semejantes a ellos son los que lo hacen, y cualquiera que confía en ellos»* (Salmo 115:8).

Por ejemplo, un billete cincuenta dólares para ofrendarlo a Dios puede que sea mucho.

Sin embargo, un billete de cincuenta dólares para gastarlo en nosotros es poco.

Pasar tres horas en un servicio puede que represente mucho tiempo para gastarlo allí, sin embargo pasar tres horas viendo una película quizás sea poco.

Es cuestión de prioridad y de pasión. ¿Dónde tiene su corazón? Siempre tendrá tiempo para lo que ama.

Resultamos pareciéndonos a aquello que amamos y adoramos.

Amamos el dinero... nos hacemos materialistas.

Nos amamos a nosotros mismos... nos hacemos egoístas.

Amamos a Dios... nos hacemos cristianos.

¡Amemos a Dios por sobre todas las cosas!

Ejercite la puntualidad

Llegar a la hora acordada a los compromisos o comenzar las actividades, reuniones y charlas en el horario fijado dan nuestra de que somos una persona ordenada. Cumplir acabadamente con nuestros compromisos nos hace líderes responsables.

En algún momento todos hemos sufrido la desazón que produce el concertar una cita o entrevista a una hora y que nos hayan fallado. Seguramente coincidirá con la expresión de la Marquesa de Lambert: «Vivimos con nuestros defectos igual que con nuestros olores corporales; no los percibimos, no molestan sino a quienes están con nosotros». Nada más fastidioso que vivir con una persona incumplidora con sus horarios. La impuntualidad es una falla de carácter y una falta de valoración y respeto por el prójimo.

A la tan conocida justificación: «Mas vale tarde que nunca», podemos agregar: «Más vale nunca tarde».

Grábese esto: *Sea puntual*. Corte con el hábito de llegar tarde.

Para ello:

Deje de excusarse y convénzase de que llegar tarde habla de una falla en su carácter cristiano.

Planifique su horario de manera tal que sepa dónde debe ir y a qué hora debe estar allí.

Regálese un tiempo extra para los imprevistos. Renuncie a correr de un lado hacia al otro empujado por los compromisos, si no lo hace su cuerpo le dará alguna llamada de atención. Juan Wesley dijo: «Siempre estoy de prisa, pero nunca apurado». En el ministerio, en más de una oportunidad no hay tiempo para perder, pero es importante permitirse el tiempo para llevar adelante los compromisos de forma puntual y relajada. Por otra parte la persona ocupada, pero calmada, despierta el interés ya que da muestra de una gran fortaleza interior.

La hora del análisis

Si usted tuviera que definirse, ¿qué diría? ¿Es ordenado o desordenado? Es hora de que realice un alto y se examine. Si advierte que este es su punto débil, deje de esquivar el asunto y comience a hacer algo al respecto. Aquel que aspire al liderazgo y ame el ministerio deberá esforzarse por aprender y practicar el orden en todos los aspectos de su vida. No sirve argumentar que no podemos hablar de orden porque nosotros no somos ordenados. Hay que trabajar y luchar para superar las debilidades, y siendo sinceros podremos ayudar a otros a superarse también. Se debe comenzar con pequeños ejercicios, persistir y avanzar poco a poco. Si cuesta hay que seguir de todas formas. Con sacrificio puede ser que logre poco, pero sin sacrificio es seguro que no logrará nada.

Orden en los objetivos

«Cuatro pasos para el éxito: *planifica con miras a un propósito*, prepárate rogando a Dios, procede positivamente y prosigue con perseverancia» —William A. Ward.

El apóstol Pablo dijo: «Hermanos, yo mismo no pretendo haberlo ya alcanzado; pero una cosa hago...»

En reiteradas oportunidades no alcanzamos nada por no tener orden en los objetivos.

Cierto día un experto motivador estaba dando una conferencia a un grupo de profesionales. Para dejar en claro un punto utilizó un ejemplo que los profesionales jamás olvidarían. De pie, frente al auditorio lleno de gente muy exitosa, dijo: «Quisiera hacerles un pequeño examen». A continuación sacó de debajo de la mesa una docena de rocas del tamaño de un puño y comenzó a colocarlas una por una en un jarro. Cuando el jarro estaba lleno hasta el tope y no podía colocar más piedras preguntó al auditorio:

—¿Está lleno este jarro?

Todos los asistentes dijeron:

—Sí.

Entonces preguntó:

—¿Están seguros?

Y sacó de debajo de la mesa un balde con piedras más pequeñas de construcción.

Echó un poco de las piedras en el jarro y lo movió haciendo que las piedras pequeñas se acomodaran en el espacio vacío entre las grandes. Cuando hubo hecho esto preguntó una vez más.

—¿Está lleno este jarro?

Esta vez el auditorio ya suponía lo que vendría, y uno de los asistentes dijo en voz alta:

—Probablemente no.

—Muy bien —contestó el expositor.

Sacó de debajo de la mesa un balde lleno de arena y empezó a echarlo en el jarro. La arena se acomodó en el espacio entre las piedras grandes y pequeñas. Una vez más preguntó al grupo:

—¿Está lleno el jarro?

Esta vez varias personas respondieron a coro:

—¡No!

Una vez más el expositor dijo:

—¡Muy bien!

Luego sacó una jarra llena de agua y echó agua al jarro hasta que estuvo lleno hasta el borde mismo. Cuando terminó, miró al auditorio y preguntó:

—¿Cuál creen que es la enseñanza de esta pequeña demostración?

Uno de los espectadores levantó la mano y dijo:

—La enseñanza es que no importa qué tan llena de objetivos está tu vida, si de verdad lo intentas, siempre podrás incluir más cosas.

—¡No! —replicó el expositor— esa no es la enseñanza. La verdad es que la demostración nos enseña lo siguiente: Si no pones las piedras grandes primero, no podrás ponerlas en ningún otro momento.

¿Cuáles son las piedras grandes en su vida? ¿Un proyecto que desea hacer funcionar? ¿Pasar tiempo con su familia? ¿Su fe, su educación o sus finanzas? ¿Alguna causa que desea apoyar? ¿Enseñar lo que sabe a otros? ¿Cumplir el llamado de Dios? Recuerde poner las piedras grandes primero o luego no encontrará un lugar para ellas. Piense por un instante cuáles son las piedras grandes en su vida y corra a ponerlas de primeras en su jarro.

¿Cómo ordenar los objetivos?

1. Uno a la vez.

Una cosa hago decía el apóstol Pablo.

Ordenar los objetivos por categoría es fundamental para ir alcanzándolos de forma segura y creciente. Para ello se necesita contar con objetivos claros y precisos, y no con una extensa lista de cosas para hacer. Se debe practicar la disciplina y la concentración. Uno de los beneficios de la concentración es que aumenta la efectividad, ya que elimina la dispersión.

En este sentido, es fundamental desarrollar un plan, ya que el mismo permite poseer la certeza de hacia dónde se desea ir y eliminar aquellas cosas que desvirtúan el destino.

Pero siempre se debe de ir de objetivo en objetivo, uno a la vez. Si recientemente se inició en el ministerio y está dando los primeros pasos en el liderazgo, ya tiene un objetivo. No intente cargarse con más expectativas. Camine poco a poco. Algunos se auto imponen más responsabilidades y ambiciones y esto genera cansancio. Una cosa a la vez.

Hay que ir fijando objetivos. Desear varias cosas a la misma vez suele ser agotador y estresante, y termina hundiéndonos. Tratemos de no quemar etapas. Solo una cosa a la vez.

Jesús se concentró durante tres años en alcanzar y formar solo a doce. A primera vista podría parecer un derroche de talento, pero en la distancia podemos ver su sabiduría.

2. No es lo mucho que hagamos.

Activismo es distinto de actividad.

Activismo es hacer muchas cosas a la vez.

Actividad es hacer menos ruido logrando un mayor grado de efectividad.

Esta comparación puede ayudarnos a comprender la diferencia. Por ejemplo, si usted tuvo la oportunidad de visitar un gallinero, habrá podido escuchar el bullicio que la gallina hace antes de poner un huevo. Comienza a cacarear y la intensidad del mismo va en aumento hasta hacernos creer que va a llenar el nido de huevos. Pero por lo general luego de tanto alarde apenas pone un huevo. En el otro extremo del ejemplo nos encontramos con los peces. Un pez desova millones de huevos sin el menor ruido, y se retira en el mismo silencio en que vino. En que categoría se encuentra: ¿Gallina o pez?

3. Lo que importa no es cuántas cosas comenzamos a hacer, sino cuántas acabamos.

En la vida no interesa la cantidad de libros que comenzamos a leer, o en las mujeres la cantidad de tejidos que se iniciaron; sino cuántos libros y tejidos concluimos.

Vamos caminando e involucrándonos en cuanta cosa se nos presente, pero luego a la misma vez vamos dejando todo por la mitad. Muchos comienzos, pero poco o nada de progreso real.

Comience una tarea y acábela.

Emprenda una carrera y acábela.

Comience el curso que tanto ha soñado y finalícelo.

Empiece la dieta y termínela. Cumpla acabadamente lo que se propone.

Jesús dijo finalizando sus días: «*He acabado la obra que me diste que hiciese*» (Juan 17:4). Lector, ¿a qué lo ha llamado Dios? ¿Podría asegurar que está invirtiendo todo su potencial y tiempo en el llamado que Dios le dio?

Ojalá que le ocurra lo mismo que al apóstol San Pablo, que al igual que él pueda decir: «He peleado la buena batalla, he acabado la carrera, he guardado la fe».

¡Quiera Dios que asumamos el compromiso de mantenernos firmes y fieles hasta el fin!

Beneficios de una vida ordenada

Paz interior

Se goza de la tranquilidad de sentirse orientado y no perdido, es la paz de saber dónde se encuentra cada cosa al momento de necesitarla. Se disfruta de la ausencia total de la improvisación, no hay necesidad de ir creando nuevos caminos, la persona se siente segura tanto de su pasado, como de su futuro, se vive tranquilo.

Alegría

Esta consiste en la satisfacción de sentirse vivo y de luchar por los sueños que se anhelan. Fijarse metas y luchar hasta alcanzarlas, no importando a cuántas caídas haya que sobreponerse. Es la alegría por trabajar en lo que se quiere y es fruto de los logros esperados. Es la recompensa a la perseverancia. Es la alegría de saber que la victoria no se gana en millas sino en pulgadas. «Gane un poco ahora», dice Louis L'Amour, «y retenga el territorio ganado, y luego gane un poco más». Es el gozo que brota del corazón para asegurar: «Señor, así como ordenaste mis primeros pasos en mi andar cristiano y nunca me fallaste, también ordenarás y guiarás mis primeros pasos en el ministerio, ¡ y jamás me abandonarás!»

Excelencia

Comprobar que los sueños pueden ser realidad y que siempre se puede llegar al destino planificado de forma cabal, sin dejar nada por el camino y sin temer que el resultado sea de menor calidad que el que se deseó. La excelencia habla de hacer del ministerio un trabajo honroso, de calidad superior al conocido hasta la actualidad, habla de dignificar la tarea pastoral. No es que se haga «lo que se puede», sino que se haga «como se debe hacer». Para ello se cuidan los detalles, los pormenores, se realizan cálculos auxiliares para que los imprevistos no tengan la libertad de siquiera rozar el sueño. Se trabaja para que el resultado sea el mejor.

Paz, alegría y excelencia no son bienes para dejarlos pasar. Ordene su vida y prepárese para disfrutarlos.

Una última reflexión

Se encuentra usted frente a la oportunidad de elevar su vida a un nivel superior. ¿Anhela realmente poner un orden en su mundo interior? ¿Sinceramente lo quiere? No siga buscando poner orden desde afuera, llenando la vida con reuniones y actividades, o concurriendo a cuanto seminario se dicte, ocupe su tiempo en ver cómo está su mundo interior, en cómo está su corazón.

En el principio Dios creó un huerto para que el hombre viviera sus días de manera placentera, junto a su presencia, sin embargo, el mismo hombre arruinó los planes de Dios. No obstante él, en su inmensa misericordia, volvió a diseñar otro huerto, este no es visible a los ojos, pero se encuentra en el interior de cada ser. Una canción cristiana que interpreta el conocido Jesús Adrián Romero lo describe de la siguiente forma:

«Dentro de mí, en mi corazón

hay un jardín que Dios plantó

donde pasea el bendito Señor

donde me encuentro con mi Salvador.

Ríos de agua viva Dios ha hecho en mí correr

Y una fuente eterna inundando todo mi ser...»

¿Cómo está su huerto? ¿Puede escuchar diariamente la voz de su amado padre en su jardín? El orden exterior depende del estado de su huerto. El orden solo puede comenzar de adentro hacia fuera. En la intimidad de ese huerto es que nos rendimos a Cristo y somos empujados a seguirle cada día de nuestra vida, es allí donde escuchamos su llamado y se inflama el corazón de verdadera compasión por las almas. Es allí donde ofrecemos la verdadera adoración, la que nace del corazón impactado por su presencia. Allí recibimos el perdón, las ataduras son rotas y somos llenos de su espíritu. Los temores huyen y recibimos fe para asegurar que *todo es posible para el que cree.*

Luego de esta experiencia en el huerto todo cambia, la vida toma las proporciones justas y apropiadas. Podemos relacionarnos con el mundo exterior de forma adecuada, porque por dentro todo está en orden. Las relaciones con la familia, los amigos, compañeros de trabajo o estudio, consiervos o discípulos, hasta incluso las relaciones más difíciles, se tornan más saludables. Se puede perdonar, olvidar y servir a los demás de manera generosa.

El ministerio se verá afectado por la experiencia del huerto interior, será un centro de influencia para todo lo que se haga.

Antes de lanzarse en el servicio a Dios, antes de salir al mundo exterior, busque ordenar su mundo interior teniendo su propia experiencia en el huerto de su corazón. Practique el retiro silencioso donde la vida se organiza de acuerdo a las prioridades, donde la mente halla el verdadero descanso y donde su espíritu recibe el toque sobrenatural de Dios.

¡Deje que Dios visite su corazón y su mundo será ordenado!

CAPÍTULO 12
Poseyendo mi futuro

«Una cosa hago: olvidando lo que queda atrás, me extiendo a lo que está por delante» —Filipenses 3:13.

«Hemos de atrevernos a pensar pensamientos impensables» —James W. Fulbright.

«El futuro pertenece a quienes creen en la belleza de sus sueños» —Eleanor Roosevelt.

Dios le entregó un precioso regalo, y este se llama *futuro*. Nadie puede adueñarse del mismo porque le pertenece solo a usted. Lo que está por venir es suyo, ya que solo usted puede transitarlo y darle forma. Lleva su esencia, su aroma, sus sueños, es original, único, es su vida, su propia «marca registrada».

Necesitamos sentirnos seguros de que poseemos un futuro y a la vez tomar posesión del mismo. ¿De que manera puede poseer su futuro?

Hubo un gran hombre de Dios, Josué, el cual fue el encargado de hacer entrar a Israel a la tierra de sus sueños, él condujo a todo un pueblo a encontrarse con su propio destino, a poseer su futuro.

Josué fue uno de los personajes de mayor relieve dentro de la Biblia. Tuvo a su cargo una gran misión, la cual sería llevada a cabo con no poca oposición y desarrollada en medio de grandes inconvenientes. Su vida fue una batalla, y todo líder se identifica con él por su valentía y coraje, ya que *jamás se dio por vencido.*

El relato bíblico nos cuenta que Josué permaneció cuarenta años en el desierto junto a Moisés, su maestro. Cuando él muere, Dios lo llama a sucederle en el liderazgo.

Dios siempre lo prepara para luego darle su propia comisión. ¡Dios tiene un ministerio para su vida, no rehuya al llamado de Dios, él anhela usarlo!

Josué fue formado a los pies de Moisés, mientras servía a su líder, Dios lo instruyó para el ministerio, mas luego Dios se le apersonó y le entregó un desafío. Debía atravesar el río Jordán y llevar al pueblo a poseer la tierra prometida.

«*Preparaos comida, porque dentro de tres días pasaréis el Jordán para entrar a poseer la tierra que Jehová vuestro Dios os da en posesión*» (Josué 1:11). En un primer momento esto suena cautivante, Dios le habla de un futuro brillante, lo cual era un indicio de que Dios se comprometía a realizar portentos maravillosos por medio de su vida.

Sin embargo, una vez pasada la primera emoción, había un «pequeño» detalle a considerar, la tierra estaba ocupada, y sus dueños no cejarían en su intento de retener lo que ellos consideraban como propio. ¡Vaya problema!

De algún modo Dios le dijo: «La tierra es tuya, yo te la entrego, pero deberás *tomarla*». ¿Qué nos trae el futuro? Una mezcla de bendiciones y batallas. Dios levanta su mano y su dedo lo señala diciendo: «Yo voy a hacer cosas grandes».

Sé que Dios ya se lo dijo, ya lo sintió, ya el Espíritu de Dios lo visitó y lo marcó de manera indeleble en su corazón. Esas cosas serán diferentes a todo lo experimentado y realizado hasta aquí: «Sus mejores días están por delante».

Dios siempre se refirió a su iglesia como a una gran iglesia, pero especialmente en estos últimos años de trayectoria eclesiástica, él nos ha hablado, por diferentes medios, de que nos estamos acercando al momento histórico de mayor crecimiento de la misma. La palabra que atraviesa los continentes es: «Multiplicación, multiplicación, multiplicación». Mientras escribo esto ruego a Dios que esta revelación pueda tocarlo y transformar su visión por completo.

Viene el tiempo en que su congregación crecerá de tal modo que ya no habrá en su ciudad lugar físico que logre contener las multitudes que él le entregará. Durante años Dios estuvo embarazado de almas, ha llegado el tiempo del alumbramiento. Líder, créalo. No se quede afuera de lo que él quiere hacer.

En nuestra congregación hemos experimentado esta explosión de crecimiento, nos hemos multiplicado diez veces en un muy corto tiempo, de manera milagrosa. Estamos a punto de ver nuestras naciones rendidas a los pies del Señor con todos los cambios que esto representa, pero déjeme decirle que para alcanzarlo *habrá que pelear*.

Dios ya le entregó su ciudad, pero usted tiene que tomarla.

Dios le entregó su futuro, pero usted tiene que poseerlo.

¿Cómo puede poseer su futuro? A Josué le fueron indicados tres pasos para poseer su futuro. Él tendría once años de batallas, pero Dios le dijo que si hacía estas cosas sería sostenido por él. La primera de ellas es:

1. Establezca un plan

Soñar no cuesta nada.

En realidad, antes de tener un plan se debe de poseer un sueño. El sueño nos lleva al plan.

Por tal razón lo primero que Dios le entregó a Josué fue un sueño, el sueño se llamaba la Tierra Prometida.

Los sueños poseen esa cuota de energía que revoluciona hasta al hombre más estático. Porque los sueños nos devuelven la esperanza, nos empujan hacia delante. Según Hellen Keller: «Nunca hay que quedarse acurrucado cuando se siente el impulso de tomar vuelo». Y es que poseer un sueño genera que el motor interior se active.

Los sueños nos alientan y nos motivan a seguir. En la vida todo comienza con un sueño, todo lo que vemos o disfrutamos, antes fue parte del sueño de una persona. Alguien lo pensó, lo deseó y trabajó para lograrlo.

Cuando entramos en contacto con el Espíritu de Dios, él se encarga de devolvernos la capacidad de soñar. Los golpes de la vida nos quitaron los deseos de soñar, pero al volver a Jesús recuperamos la esperanza.

El primer acercamiento a Dios rompe años de angustia, de desilusión. El Salmo 126 hace referencia a este proceso de transformación: «Cuando Dios hiciere volver la cautividad de Sión, seremos como los que sueñan. Entonces nuestra boca se llenará de risa, y nuestra lengua de alabanza; entonces dirán entre las naciones. Grandes cosas ha hecho Dios con éstos, grandes cosas ha hecho Dios con nosotros, *estaremos alegres*».

Cuando conocemos a Dios, las cadenas que nos mantenían en cautividad son rotas e inmediatamente volvemos a soñar. Se libera la capacidad de Soñar. La boca que antes estaba llena de amargura y que solo hablaba con tristeza y pesar, se llena de alegría y esperanza. ¡Somos verdaderamente felices!

El sueño devuelve el deseo de seguir viviendo. Devuelve la inspiración. Cerramos los ojos y vemos lo que deseamos hecho realidad, como el pastor David Yongi Cho lo expresó. Él apenas tenía unos pocos creyentes, pero su sueño le permitía ver por la fe a millones de personas.

Lector, sueñe y hágalo en grande.

Walt Disney dijo: «Por muchos que sean los deseos de su corazón, si cree en ellos, sus sueños se convertirán en realidad».

Todos tenemos sueños. No importa quienes somos, ni la edad que tengamos, en realidad en lo más profundo del corazón sabemos que somos especiales, que somos diferentes.

Muchos en vez de darse cuenta de que la vida ofrece oportunidades, desarrollan la actitud de limitarse a aceptar lo que se les ofrece. Así dejan que la verdadera vida les pase de largo. Debe creer nuevamente en usted, y este no es un mensaje para inflar su ego.

Lamentablemente observo a mucha gente por allí que cree que ha fallado, que Dios se equivocó. Muchos saben lo que deberían hacer con sus vidas, pero nunca lo hacen. Esto es porque les falta el motor, un sueño que les ofrezca el impulso de luchar por crear un futuro apasionante. Recuerde: «Los grandes objetivos producen grandes motivaciones, y su Dios es un Dios de grandes sueños».

La importancia de poseer un plan

Cada persona es arquitecto y diseñador del futuro de su vida.

Un simple repaso de la manera en que invertimos el tiempo provee una interesante reflexión: «Una persona de setenta y cinco años pasa aproximadamente veinticuatro años durmiendo, catorce años trabajando, ocho años en distracciones, ocho años en la iglesia, seis años educándose, seis años comiendo, cinco años viajando, cuatro años conversando y tres años leyendo». ¡Cómo se nos va la vida! Pero justamente el secreto de la planificación es enseñarnos a utilizar el tiempo de manera correcta y sin desperdicios. Planifique y así evitará perder muchos años de su vida.

El sueño entonces necesita de metas claras y definidas. La meta nos permite alcanzar aquello que deseamos. Los sueños son a largo plazo, las metas son a corto plazo.

Por otra parte, sin meta no hay destino. Si Josué no hubiera tenido una meta, hubiese caminado su vida totalmente desorientado, pero cuando Dios le habló, él supo con seguridad cuál era la tierra que debía de tomar, no era cualquier tierra, era la que Dios había preparado para él.

El destino se marca poseyendo una meta.

Es necesario establecer metas que inspiren.

Ralph Emerson dijo: «Ve y convierte tus palabras en hechos». El fijar metas que lo desafíen y estimulen es un requisito fundamental para poner en juego todas sus potencialidades. Nadie entrega lo mejor de sí frente a metas que carezcan de estímulo. Diseñe metas que sean lo suficientemente ambiciosas para que pueda dar el máximo de usted. Las metas son las señales kilométricas que le anunciarán que se halla avanzando en el camino hacia la consecución de sus sueños.

Solo poseyendo un plan el sueño se hace real. Necesita un plan, pero no cualquier plan, *sino el plan de Dios*. El plan para usted. El sueño de Dios es muy grande para que se encuentre «improvisando».

El futuro le pertenece a la persona que se prepara para él

Para que la oportunidad no lo sorprenda, debe prepararse para cuando ella golpee a sus puertas. Josué contó con años de formación de su ministerio. Mientras permanecía al lado de su líder, su corazón de siervo fue formado. *Si sirve a sus líderes, sirve a Dios.*

No hay mejor modelo de capacitación que el que recibe del líder que Dios ha puesto sobre usted. Josué se capacitó para lo que venía, día tras día podía observar cómo Moisés buscaba a Dios, cómo organizaba el horario en su ministerio, cómo aconsejaba a la gente en sus problemas, como los inspiraba, les entregaba la palabra de Dios, como los corregía. ¿Anhela servir a Dios? Péguese a su líder y Dios lo formará.

Dedique tiempo para su capacitación y no se limite, hágalo en todas las áreas de su vida, espiritual, física, intelectual y emocional.

La gente que logra algo es porque tuvo un plan.

Dios tiene una estrategia para usted. O posee un plan, o se pasa el resto de su vida improvisando.

Cuando ore pídale a Dios que le entregue su sueño para usted, pero no olvide de pedirle el plan para alcanzarlo.

Qué quiero... es el sueño de Dios.

Cómo lo logro... es el plan de Dios.

Sin plan irá hacia donde va el viento, es decir hacia ningún sitio específico.

Recuerde: *Un líder, que con su vida influencia la vida de sus seguidores, no puede vivir improvisando.*

El plan lo obliga a dejar el pasado atrás.

«Mi siervo Moisés ha muerto; ahora pues, levántate y pasa el Jordán, tú y todo este pueblo, a la tierra que yo les doy a los hijos de Israel» (Josué 1:2).

Por si Josué no se había dado cuenta, apenas Dios lo llama le dice que Moisés, su siervo, había muerto. Durante ochenta años Josué estuvo con Moisés, pero ahora había llegado el momento de no poder consultarle frente a la necesidad, ya no podía seguir sus pasos ni sus sabios consejos.

De alguna manera, Dios le decía a Josué: «Moisés ha muerto, es hora de sepultarlo».

¿Qué es lo que necesita sepultar en su vida?

El pasado tratará de retenernos, el pasado tratará de distraernos.

En los momentos clave de decisión, el diablo se encargará de recordarnos nuestro pasado. Escuchará su voz diciéndole: «¿Cómo que va a ser feliz con el pasado que tuvo? ¿Es que ya se olvidó de lo que hizo?»

«¿Cómo que reconstruirá su vida luego de la cantidad de veces que lo intentó y fracasó? ¿No se da cuenta de que está destinado a perder?»

«¿Cómo que está pensando en capacitarse, acaso no sabe que es un torpe por naturaleza? ¿No le decían eso desde niño?»

«¿Cómo que sueña con un gran ministerio? Usted nunca crecerá. No es nada, ni nadie».

Mi amigo, alístese. Llegó el día de sepultar su pasado en Cristo Jesús. *De modo que si estoy en Cristo Jesús, las cosas viejas pasaron, he aquí todas son hechas nuevas.*

En cada oportunidad que Satanás quiera recordarle su pasado, escóndase bajo la sangre y la cruz, y si aún así persiste, si continúa recordándole su pasado, no se olvide de recordarle su futuro. ¡Gloria a Dios!

«Mi siervo Moisés ha muerto, ahora levántate». Sea valiente, sepulte cosas que quieren retenerlo. Vamos, siga, no mire atrás, ponga sus ojos en el futuro.

Abandone heridas, pecados, fracasos que lo quieren detener. ¡Vamos, levántese!

El pasado es el simple material con el que fabricamos el futuro. ¡Entonces manos a la obra, construya su futuro con las lecciones del pasado!

El impacto de tener una meta

La meta despierta el mundo espiritual.

Lucas 11:9-10 dice: «Pedid, y se os dará; buscad y hallaréis; llamad, y se os abrirá. Porque todo aquel que pide, recibe; y el que busca, halla; y al que llama, se le abrirá».

La meta despierta el mundo de la fe.

Solo el que *pide*... recibe

Solo el que *busca*... halla.

Solo al que *golpea*... se le abrirá.

La meta transforma mi presente.

Me trae:

Esperanza, puedo creer que todo va a ser diferente.

Entusiasmo, la alegría y la satisfacción de estar trabajando por algo. Esto me convierte en una persona positiva.

Me da propósito, cada día sé qué es lo que debo hacer. Me permite levantarme y saber por qué lucho y contra quién lo hago.

La meta me ayuda a concentrarme.

La distracción tiene el poder de deshacer los sueños.

Cuando se posee una meta se descartan los esfuerzos que no suman.

La concentración es poderosísima. Recuerdo que cuando era niño solíamos juntarnos con otros chicos por la tarde a jugar y buscábamos nuevos entretenimientos. En uno de esos días descubrimos el poder de la lupa. No entendíamos demasiado, pero por la experiencia supimos que si en un día soleado colocábamos la lupa sobre una hoja, está se quemaba. Los años transcurrieron y luego, en mis años de escuela, pude comprender por qué se daba este fenómeno. La lupa concentraba los rayos del sol y de esta manera sucedía lo que para mis ojos de niño era prácticamente un milagro.

La concentración trae poder. Concéntrese y lo experimentará.

La meta extiende los horizontes.

El horizonte es la línea divisoria entre lo que ven nuestros ojos y aquello que no conseguimos ver. El hecho de que podamos observar hasta un cierto punto no es indicativo de que hasta allí llega el mundo o la realidad.

La meta le permite ampliar su horizonte, ya que *todos estamos bajo los mismos cielos, pero no todos tenemos el mismo horizonte*. El horizonte hace la diferencia entre una persona y la otra.

2. Persevere en la Palabra

La primera cosa que Dios le indicó a Josué para que pudiera poseer su futuro fue que estableciera un plan, el segundo consejo fue que resistiera los embates perseverando en la palabra.

«Solamente esfuérzate y sé muy valiente, para cuidar de hacer conforme a toda la ley que mi siervo Moisés te mandó, no te apartes de ella ni a diestra ni a siniestra; para que seas prosperado en todas las cosas que emprendas» (Josué 1:7).

Dios le dijo de manera contundente: «No te apartes, ni para un lado, ni para otro, solo permanece en lo que yo te dije».

La palabra debe arraigarse en lo profundo de su ser y llenar su mente. El estadista inglés Disraeli expresó. «Nutre tu mente con grandes pensamientos, pues nunca te elevarás más que tu pensamiento».

Por lo visto existe una ilimitada forma de extensión que se desarrolla en la mente humana. Durante un viaje de vacaciones que realicé junto a mi familia tuvimos la oportunidad de visitar, en la ciudad de Orlando, el museo conocido como «Creer o no creer». Allí se encuentran los fenómenos más raros, desde la rueda más grande del mundo hasta cosas hechas con todo tipo de elementos insólitos, como un auto realizado con fósforos. Este lugar mantiene un registro de cada récord en las diferentes áreas de la vida.

Uno que llamó mi atención es el que muestra al hombre más alto del mundo. Mi hijo se tomó una foto con él, y realmente se veía como un pigmeo. Siempre sucede que alguna persona rompe con los límites, pero por lo general el hombre mide una estatura promedio que oscila entre 1,60 y 1,80 metros. Sin embargo, existe otra manera en que el hombre puede extenderse más allá de sus límites, y es por medio de su pensamiento. Por ejemplo, el hombre diseñó diferentes maneras de alcanzar sus objetivos y extenderse. Creó la escalera, y por medio de ella agregó unos metros más a su estatura; luego hizo el elevador, con el cual alcanza a extenderse cientos de metros; o el avión, con el cual llega a elevarse miles de metros. Déjeme señalarle que dentro suyo hay *un gran poder de extensión*.

¡La Palabra de Dios en su interior hará que se eleve a lugares increíbles!

Como Dios sabía esto, él le dice a Josué: «Permanece en mi palabra».

No se distraiga

Cuán fácilmente nos distraemos y así nos olvidamos de lo más importante.

Todas las cosas que comience, realícelas hasta acabarlas. En el ministerio tenemos que enfrentar muchas distracciones, pero si anhela ser prosperado Dios le dice: «No te apartes de lo que te dije ni a izquierda ni a derecha».

No permita que los problemas personales, las nuevas oportunidades, el casarse y formar una familia, el que espere la llegada de un nuevo hijo u otras cientos de cosas más lo desconcentren. No necesariamente algo debe ser malo para distraerlo, todo lo nombrado recientemente, sin ser malo, también puede tender a restarle fuerzas. Cuide su llamado.

En dos oportunidades se le promete el éxito

Josué 1:7 dice: «*Esfuérzate y sé muy valiente, para cuidar de hacer conforme a toda la ley ... no te apartes para que seas prosperado*».

Josué 1:8 enuncia: «*Nunca se apartará de tu boca este libro de la ley, sino que de día y de noche meditarás en él, para que guardes y hagas conforme a todo lo que en él está escrito; porque entonces harás prosperar tu camino, y todo te saldrá bien*».

En una misma conversación le garantiza la victoria dos veces, siempre y cuando se mantuviera firme en hacer lo que debía hacer, cumpliendo la palabra de Dios.

El secreto del éxito es el compromiso con la Palabra de Dios.

El secreto del éxito es permanecer en la Palabra de Dios.

Que cada decisión de su vida sea conforme a la Palabra de Dios, y entonces... ¡todo le saldrá bien!

Permita que la Palabra renueve su manera de pensar

Desde que somos niños somos influenciados por pautas culturales, sociales y políticas, las cuales nos condicionan a dudar y no creer.

Un hombre se encontró con su amigo y le preguntó:

—¿Por qué estás desempleado?

A lo que el amigo le respondió:

—Bueno porque no tengo empleo.

¡Es que a veces esperamos que el empleo venga hacia nosotros!

Dios ha puesto dentro de usted creatividad e imaginación, no se deje arrastrar por el pensamiento generalizado.

Los medios poseen por lo general una visión negativa, y de esta forma atraen la atención de la gente. Recientemente Dios nos ha bendecido con la adquisición de una frecuencia de radio FM. El propósito de la misma es que cualquier persona, cristiana o no, escuche el mensaje de la Palabra, pero al ser la radio en sí misma un medio de comunicación, debe cumplir con el requisito de informar. En este sentido nos hemos propuesto una meta: *informar sin enfermar.*

Leí un comentario interesante que aseguraba: «Por cada minuto de negativismo que pasamos, necesitamos once minutos de afirmación positiva para volver al balance».

¡Cuánto tiene Dios que trabajar con nosotros cuando fuimos condicionados por 10, 15, 20, 40 o 50 años de pensamientos negativos! Esto llega a ser una cárcel en nuestro interior, una cárcel de depresión, de duda, de inseguridad, de frustración, de pesimismo. ¿Cómo ser libres de tales ataduras? ¿Cómo liberarnos de tantos pensamientos oscuros?

La Biblia dice: «Al que cree *todo* le es posible». Deje que la palabra lave sus pensamientos.

3. Dé pasos de fe

Josué se adueñó de su futuro, y la manera en que lo hizo fue escuchando el consejo de Dios. Primero estableció un plan, luego permaneció en la Palabra, y por último dio pasos de fe

No espere a que llegue el barco, nade hasta él.

William James opinó: «En cualquier proyecto, el factor importante es la fe. Sin la fe no puede haber resultado de éxito».

La fe es acción. La fe no es solo creer. Por ejemplo, puede creer que un avión vuela, pero esa sola idea por sí misma no representa nada para usted, sí lo hará cuando se suba a él y vuele.

No es solo creer en Jesús, sino creer y vivir en sus palabras.

Fe significa compromiso, el compromiso de caminar por fe.

Esfuércese y sea muy valiente

Durante el mismo pasaje se le exhorta a Josué en tres oportunidades para que sea valiente.

En Josué 1:6 Dios le dice: «Esfuérzate y sé valiente»; luego insiste: «Esfuérzate y sé muy valiente» (v. 7); y por si no le quedó claro le repite: «Mira que te mando que te esfuerces y seas valiente» (v. 9).

La valentía requerida tenía que ver con la magnitud de los problemas que debía enfrentar. Dios también lo estimula a usted en su llamado para que se atreva a ser muy valiente. Los obstáculos querrán derribarlo y aplastar sus sueños, pero usted debe ser osado.

Israel había vivido cuarenta años en el desierto, ahora se encontraban al borde del río Jordán, listos para cruzar y entrar a la Tierra Prometida. El atreverse a cruzar el río era una abierta provocación contra los habitantes de esa tierra, los cananeos. Israel sabía que de esta manera se metería en problemas, y es que justamente la fe muchas veces nos lleva a problemas.

Del otro lado del río había siete naciones con treinta y dos reyes, cada uno de estos pueblos eran más grandes y fuertes que Israel. Ellos no poseían ejército, habían sido esclavos por cuatrocientos años.

Ante tanta desventaja, Dios se encarga de animarle y decirle: «Josué, pese a todo lo que veas y sientas, esfuérzate y sé muy valiente».

¿Qué le proporcionó confianza a Josué para seguir?

La seguridad de que Dios estaría con él dondequiera que fuera.

Al recibir el llamado de Dios, Josué se había transformado en un representante de él. *Somos embajadores, luz en medio de la oscuridad.*

Dios lo llevó a donde está para que sea un testimonio vivo de lo que él puede realizar en una persona si tan solamente se decide a ponerse en sus manos.

Saber que Jesús está con nosotros nos cambia la vida. Comprendemos que «si Dios es por nosotros, ¿quién contra nosotros?»

Josué fue un hombre de coraje

«La vida se expande o se encoge de manera proporcional a nuestro coraje» —Anais Nin.

¿Qué es el coraje? Es la cualidad del ánimo que mueve a acometer resueltamente grandes empresas y a arrostrar los peligros. Pero algo que debemos aclarar es que el coraje no significa ausencia de temor.

Coraje significa movernos a pesar del miedo.

Coraje es avanzar a pesar del temor para cumplir la tarea.

El momento en que Josué debía cruzar el Jordán era el peor. Estaban en primavera, y durante esa estación las aguas se desbordaban inundando la zona. Imagínese lo que esto representaba para

Israel, un pueblo de pastores de ovejas. Ellos no tenían un solo barco. ¡Qué increíble que Dios les mande a cruzar el río sin contar ellos con ninguna nave!

Inmediatamente Dios le dio las instrucciones. Ordenó que por delante debían ir los sacerdotes con el arca. El arca representaba la presencia de Dios.

En toda empresa, asegúrese de tener en primer lugar la presencia de Dios, si cuenta con ella se descubrirá con las fuerzas necesarias para cumplir su llamado.

Siempre lo más difícil es comenzar, echar a andar el motor. Un motor eléctrico cuando arranca consume siete veces más potencia que cuando está en marcha. Si está dando su primer paso, considere que este es el más difícil, pero continúe. ¡Las fuerzas de Dios acudirán en su ayuda! ¿Cuál es su Jordán?

Emprenda la acción de forma poderosa y continua.

«La gran finalidad de la vida no es el conocimiento, sino la acción» —Thomas Huxley.

Nunca conseguirá sus objetivos más preciados si no respalda sus sueños y metas con la acción. Actuar es lo que separa a los que sueñan dormidos de los que sueñan despiertos.

¡Apasiónese con sus sueños y trabaje en pos de ellos! ¡Prométase a usted mismo no abandonar jamás!

Usted, que ha sido llamado por Dios, *atrévase a poseer su futuro*. Si lo hace, no solo encontrará el sentido y propósito de su vida, sino que se convertirá en un transformador de su nación. Los soñadores, los comprometidos, alteran el curso de la historia de las naciones de la tierra.

Un noble británico pasaba por la aldea inglesa de Corwwall. Después de buscar sin resultado un lugar donde comprar bebidas alcohólicas, le preguntó a un aldeano:

—¿Qué pasa que no se puede comprar ni siquiera un vaso de licor en esta pobre aldehuela?

El viejo lugareño reconoció inmediatamente el rango del forastero, retiró su sombrero en señal de respeto, se inclinó y dijo:

—Señor mío, hace unos cien años un hombre llamado John Wesley anduvo por este lugar.

La pregunta que me hago es si luego que transcurran muchos años y ya no estemos predicando o enseñando en nuestras ciudades y naciones, nuestro paso habrá logrado el avance del evangelio. Si acaso se podrá decir en su nación: «Hubo un hombre o una mujer, de porte sencillo pero con profunda fe, que tuvo un sueño: Ver la nación rendida a los pies de Jesucristo, y eso exactamente fue lo que sucedió».

¡Que el Dios que lo llamó lo use grandemente!

DISFRUTE DE OTRAS PUBLICACIONES DE EDITORIAL VIDA

Desde l946, Editorial Vida es fiel amiga del pueblo hispano a través de la mejor literatura evangélica. Editorial Vida publica libros prácticos y de sólidas doctrinas que enriquecen el caudal de conocimiento de sus lectores.

Nuestras Biblias de Estudio poseen características que ayudan al lector a crecer en el conocimiento de las Sagradas Escrituras y a comprenderlas mejor. Vida Nueva es el más completo y actualizado plan de estudio de Escuela Dominical y el mejor recurso educativo en español. Además, nuestra serie de grabaciones de alabanzas y adoración, Vida Music renueva su espíritu y llena su alma de gratitud a Dios.

En las siguientes páginas se describen otras excelentes publicaciones producidas especialmente para usted. Adquiera productos de Editorial Vida en su librería cristiana más cercana.

Vida

DEDICADOS A LA EXCELENCIA

Liderazgo Eficaz

Liderazgo eficaz es la herramienta que todo creyente debe estudiar para enriquecer su función dirigente en el cuerpo de Cristo y en cualquier otra área a la que el Señor lo guíe. Nos muestra también la influencia que ejerce cada persona en su entorno y cómo debemos aprovechar nuestros recursos para influir de manera correcta en las vidas que nos rodean.

0-8297-3626-3

Liderazgo Audaz

Esta obra capta la experiencia de más de treinta años de ministerio del reconocido pastor Bill Hybels, que plantea la importancia estratégica de los dones espirituales del líder. *Liderazgo Audaz* le ofrece al líder de la iglesia local conceptos valiosos como son: convertir la visión en acción, cómo alcanzar a la comunidad, el líder que da lo mejor de sí, cómo descubrir y desarrollar un estilo de liderazgo propio y mucho más.

0-8297-3767-7

Ministerio Catedral de la Fe

Pastor Osvaldo Carnival

Av. Eva Perón 1040
1424 Buenos Aires
Argentina
Te./ Fax: 5411-4924-0280 / 5411-4925-0449
e-mail: catedral@sion.com

Visite nuestra página de Internet en:
http://www.catedraldelafe.org

Si desea recibir las *Reflexiones Diarias* del pastor
Osvaldo Carnival solicítelas al siguiente e-mail:
osvaldocarnival@sion.com

Nos agradaría recibir noticias suyas.
Por favor, envíe sus comentarios sobre este libro
a la dirección que aparece a continuación.
Muchas gracias.

Editorial Vida
7500 NW 25 Street, Suite 239
Miami, Florida 33122

Vidapub.sales@zondervan.com
http://www.editorialvida.com